ALQUIMIA E A IMAGINAÇÃO ATIVA

BIBLIOTECA CULTRIX
DE PSICOLOGIA JUNGUIANA

Marie-Louise von Franz

ALQUIMIA E A IMAGINAÇÃO ATIVA

Estudos Integrativos Sobre Imagens
do Inconsciente, sua Personificação e Cura

Tradução
Pedro da Silva Dantas, Jr.

Título do original: *Alchemical Active Imagination*.

Copyright © 1979 Marie-Louise von Franz.

Copyright da edição brasileira © 1992, 2022 Editora Pensamento-Cultrix Ltda.

2ª edição 2022. / 1ª reimpressão 2024.

Todos os direitos reservados. Nenhuma parte desta obra pode ser reproduzida ou usada de qualquer forma ou por qualquer meio, eletrônico ou mecânico, inclusive fotocópias, gravações ou sistema de armazenamento em banco de dados, sem permissão por escrito, exceto nos casos de trechos curtos citados em resenhas críticas ou artigos de revistas.

A Editora Cultrix não se responsabiliza por eventuais mudanças ocorridas nos endereços convencionais ou eletrônicos citados neste livro.

Editor: Adilson Silva Ramachandra
Gerente editorial: Roseli de S. Ferraz
Gerente de produção editorial: Indiara Faria Kayo
Editoração eletrônica: Join Bureau
Revisão: Vivian Miwa Matsushita

Dados Internacionais de Catalogação na Publicação (CIP)
(Câmara Brasileira do Livro, SP, Brasil)

Franz, Marie-Louise von Alquimia e a imaginação ativa: estudos integrativos sobre imagens do inconsciente, sua personificação e cura / Marie-Louise von Franz; tradução Pedro da Silva Dantas, Jr. – 2. ed. – São Paulo: Editora Cultrix, 2022. – (Biblioteca Cultrix de psicologia junguiana)

Título original: Alchemical active imagination
ISBN 978-65-5736-147-4

1. Alquimia – Aspectos psicológicos 2. Dorn, Gerhard, século 16 3. Imaginação ativa 4. Psicologia junguiana I. Título. II. Série.

22-100698   CDD-150.1954

Índices para catálogo sistemático:

1. Psicologia junguiana e alquimia 150.1954
Cibele Maria Dias – Bibliotecária – CRB-8/9427

Direitos de tradução para a língua portuguesa adquiridos com exclusividade pela
EDITORA PENSAMENTO-CULTRIX LTDA., que se reserva a
propriedade literária desta tradução.
Rua Dr. Mário Vicente, 368 — 04270-000 — São Paulo, SP — Fone: (11) 2066-9000
http://www.editoracultrix.com.br
E-mail: atendimento@editoracultrix.com.br
Foi feito o depósito legal.

SUMÁRIO

1ª PALESTRA — *Origens da Alquimia: Tradições Extrovertidas e Introvertidas* .. 9

2ª PALESTRA — *O Poder Divino na Matéria* 47

3ª PALESTRA — *O Corpo como Problema: Redimindo a Sombra Cristã* 87

4ª PALESTRA — *A Mens e o Corpo no Castelo do Amor Filosófico* 129

5ª PALESTRA — *Magia Medieval, Sincronicidade Moderna* 173

6ª PALESTRA — *Vir Unus/Unus Mundus* 215

AGRADECIMENTOS

O texto deste livro origina-se da transcrição feita pela srta. Una Thomas de uma série de palestras proferidas pela Dra. Marie-Louise von Franz no Instituto C. G. Jung, em janeiro e fevereiro de 1969, em Zurique. Somos gratos à srta. Thomas pela fidelidade com que preparou a versão original.

O livro, em sua forma atual, foi editado por Caroline Weening e Cynthia Giles, que também elaboraram a capa e o projeto. Sandi Wenzl preparou a composição, com a ajuda de Elise Brand.

1ª Palestra

ORIGENS DA ALQUIMIA: TRADIÇÕES EXTROVERTIDAS E INTROVERTIDAS

Antes de iniciar a interpretação de um texto específico, pretendo apresentar-lhes um pequeno resumo da história da alquimia do ponto de vista psicológico. Seu nascimento teve lugar quase que na mesma época em que Cristo nasceu. Houve algumas tentativas incipientes no século I a.C., mas foram difíceis de rastrear. Assim, pode-se dizer que a alquimia começou no século I a.C., com um período florescente na Grécia nos séculos II e III, seguido por um declínio gradual, que durou até o século X. Durante esse período, os principais textos foram transportados e traduzidos para o árabe, e nos séculos XVII e XVIII, nos diferentes pequenos países árabes, houve outro período florescente, após o qual a alquimia evoluiu para a história da química, seguindo o mesmo caminho que toda a física e a matemática. Por volta do século X, retornou à civilização cristã por meio dos árabes e dos judeus na Espanha e na Sicília, e de lá invadiu os países ocidentais, uniu-se à filosofia escolástica e assim prosseguiu em seu desenvolvimento ulterior. A ciência da química antiga é simplesmente a história de um ramo apenas das ciências naturais em geral.

A alquimia, no sentido mais estrito da palavra, teve dois pais: a filosofia racional grega, ou pode-se dizer, uma filosofia da natureza (refiro-me principalmente aos filósofos gregos pré-socráticos, como Empédocles, Tales de Mileto etc., e Heráclito) por um lado, e a tecnologia egípcia por outro. Os filósofos gregos, que, como todos vocês sabem, iniciaram o pensamento racional considerando os problemas relativos à natureza, à matéria, ao espaço e ao tempo, praticamente não faziam experiências, ou realizavam poucas. Suas teorias são apoiadas por certas observações, mas nunca lhes ocorreu, na verdade, experimentá-las de maneira efetiva. Por outro lado, havia, no Egito, uma técnica químico-mágica altamente desenvolvida, mas em geral os egípcios não pensavam a respeito dela, nem filosófica e nem teoricamente. Havia simplesmente a transmissão, por certas ordens sacerdotais, de receitas práticas acrescidas de alguma representação religiosa e mágica mas, eu diria, desacompanhada de reflexão teórica. Quando as duas tendências das civilizações grega e egípcia se encontraram, uniram-se num casamento muito fecundo e do qual a alquimia foi fruto. Vocês sabem que todos os conceitos básicos e ainda válidos da física moderna são originários da filosofia grega: os conceitos de matéria e espaço, o problema do tempo (pensem em *Zenão*); o conceito de energia, que estaria presente em *Heráclito*; o conceito de partícula criado por *Leucipo e Demócrito*; o conceito de afinidade dos elementos, a ideia dos quatro elementos, que prevaleceu até os séculos XVI e XVII na civilização ocidental – todos esses conceitos foram criados pelos filósofos gregos pré-socráticos e pelos parcialmente pré-socráticos.

Na Grécia, ocorreu, pela primeira vez, uma mudança de uma visão religiosa e mitológica da existência do mundo para uma visão filosófica, no sentido de que os conceitos básicos eram filosóficos, mas ainda permeados, por assim dizer, de maná mitológico, e associados, numa medida muito grande, com o que hoje chamaríamos de projeções psicológicas. Uma dessas ideias, a saber, a de que os elementos básicos do universo são formas matemáticas, foi criada pelos pitagóricos, e continuada, com ligeiras alterações, por Platão, e é agora novamente importante na teoria de Heisenberg e na física quântica. Desse modo, podem ver que há uma linha muito pronunciada que vai da filosofia grega à ciência moderna mesmo não tendo nunca ocorrido aos gregos a ideia de efetuar testes práticos.

Por outro lado, no Egito, as técnicas foram altamente desenvolvidas, mas, e isto é muito importante, essas técnicas químicas eram usadas quase que exclusivamente num determinado campo da vida religiosa. Se vocês forem ao Egito e examinarem os remanescentes de sua arte religiosa, ficarão espantados com o fato de que praticamente tudo ali consiste em representações religiosas que se relacionam com a vida após a morte. Para dar um exemplo: os egípcios viviam em miseráveis casebres de barro, que evidentemente desapareceram. Não há uma única casa particular egípcia que tenha sobrevivido. Mas suas grandes edificações, as pirâmides, são os seus túmulos. Certa vez, quando Jung observou a um *sheik* que era surpreendente o fato de os egípcios não possuírem boas casas para morar enquanto vivessem, embora empregassem toda a sua energia na construção dos túmulos, o árabe sorriu e respondeu: "Bem, por que alguém se preocuparia em construir uma casa para setenta anos de sua vida aqui? É mais importante construir uma casa para a sua vida na eternidade!". Para ele, era exatamente esta a coisa natural a ser feita. Uma enorme parcela da energia dos egípcios era direcionada para a vida após a morte, e sua principal preocupação era a de que fossem executados os tipos de rituais corretos etc., de maneira que a vida eterna depois da morte estivesse perfeitamente assegurada. A civilização egípcia é tipicamente africana e não mediterrânea. Eles acreditavam que pela preservação do corpo, do cadáver, podia-se garantir a imortalidade da alma de uma maneira técnica, mágica, e que a imortalidade era atingida pela transformação da pessoa na Divindade cósmica. Por um lado, os egípcios tinham um panteão com muitos deuses, mas por outro, eles acreditavam que havia uma única Divindade cósmica, que era às vezes identificada com Atum, ou com Nun, ou com o deus Rá numa forma diferente, ou com o Osíris cósmico, por vezes também chamado a alma Bá do universo. Há diferentes nomes, de acordo com as diferentes províncias no Egito, mas a ideia básica é a de que há uma espécie de espírito cósmico que reina sobre todos os diversos deuses do panteão egípcio, um deus que é o espírito do universo que tudo penetra, que reina sobre todos os outros deuses e os pode absorver. O morto iria, gradativamente, transformando-se naquele deus. Ele tomava parte num grande processo mitológico que era, por assim dizer, um espelho da situação cósmica global em que o egípcio acreditava viver.

Já perto da metade do antigo império, um dos deuses do panteão egípcio tornou-se mais e mais dominante. Como o professor Helmuth Jacobsohn mostrou, tratava-se do deus solar Rá. Isso corresponde a um típico desenvolvimento da consciência. Essa foi a época em que floresceram as artes de escrever e de gravar, a matemática, a medição e o mapeamento dos campos etc. Pela primeira vez no império egípcio foram deixados registros. Há aqui uma coincidência: quando o deus Sol, que é um princípio arquetípico da consciência, torna-se predominante numa civilização, há um súbito aumento da consciência racional. Mas, naturalmente, por meio disso surge também uma divisão, da qual ainda sofremos, a saber, que certos aspectos da vida psíquica do indivíduo, certos estados de espírito e certos impulsos, não se conformam com as regras vigentes. Todo aquele que possui um pedaço de terra sofre a tentação de, durante a noite, mudar a posição da pedra que demarca seus limites, e depois dissimular, dizendo: "Ora, vejam! A pedra está *aqui*; logo é aqui que fica a linha demarcatória". Esta é a antiga luta por território que os animais já levavam consigo, e que ainda trazemos dentro de nós. Os camponeses da Suíça ainda fazem isso às vezes. À noite, eles movem as pedras demarcatórias e é por isso que precisamos ter registros de propriedade de terras. Pode-se portanto dizer que termina a fase em que prevaleciam as regras instintivas e naturais que existem nos seres humanos, e que são baseadas em impulsos, agressividade e contra-agressividade, com o consequente estabelecimento de uma determinada forma de relacionamento – de animais vivendo em grupos e lutando por seus territórios –, e dessa maneira grande parte da impulsividade individual e instintiva foi controlada por regras fixas de lei e ordem, coincidindo com o domínio do deus solar Rá.

Poder-se-ia dizer, portanto, que parte da individualidade primitiva dos egípcios foi nessa época para o inconsciente, e com ela também certo aspecto do afeto na vida emocional. Esse aspecto da vida comunitária egípcia concentrou-se na imagem arquetípica do deus Osíris. Osíris, ao contrário do deus Sol, ordenador e legislador, era o deus sofredor. Representava o aspecto passivo e sofredor da natureza e da psique. As histórias da religião sempre o representam como o deus da vegetação, não porém a vegetação no sentido concreto, mas sim a vegetação enquanto símbolo do seu ser: é aquilo que não se move, que não tem vontade própria, que é a coisa mais sofredora na face da terra, e isso ocorria no subsolo da vida comunitária da civilização egípcia. Na parte Osíris de sua natureza, estava também escondida a verdadeira consciência que os egípcios possuíam de sua própria individualidade, em contraste com o princípio de consciência dominante e coletiva. Desse modo, o corpo estava associado a Osíris e à ideia da alma Bá.

No ensaio do professor Jacobsohn, que apareceu em inglês em *Timeless Documents of the Soul* [Documentos Eternos da Alma], editado pela Northwestern University Press, na série *Studies* do C. G. Jung Institute, vocês encontrarão a famosa discussão entre o Homem cansado do Mundo e sua alma Bá, além de copiosa documentação sobre tudo o que lhes estou contando agora resumidamente, a saber, que a verdadeira individualidade pré--consciente e a consciência individual do homem ainda estavam naquele tempo projetadas na alma Bá. Bá era normalmente representada no Egito por uma estrela ou por um pássaro. No ensaio de Jacobsohn vocês lerão que o homem, durante toda a sua vida, não estava ciente de sua alma Bá, uma vez que, enquanto indivíduo, vivia de acordo com as regras egípcias, a ponto de ser obrigado a jurar, ao ser julgado após sua morte, *não* ter praticado toda uma lista de coisas. Isso tornou-se famoso como a assim chamada confissão negativa: "Eu não roubei, eu não desobedeci à lei, eu não fiz sacrifícios ao deus, eu não...", e assim por diante. Como aponta Jacobsohn, trata-se, claramente, de uma bela lista de mentiras, pois, como todo o mundo, eles tinham feito todas essas coisas; mas a ideia de mentir dessa maneira aos deuses depois da morte não era uma mentira, mas uma declaração: "Eu não ousaria violar a regra coletiva". Pois ousar dizer: "Sim, eu fiz isso", implicaria individualidade; significaria encarar o fato de que se quebrara as regras, e isso era proibido. Os egípcios identificavam-se a tal ponto com o corpo dominante coletivo na moral e nas ideias que não podiam admitir seus impulsos pecaminosos nem mesmo para si próprios.

Em condições normais, a alma Bá seria encontrada somente após a morte; antes disso não se deveria, em absoluto, estar ciente de sua existência. Ela surgiria, por assim dizer, da morte e do processo de mumificação. Mas no ensaio em questão, porém, o "Homem Cansado do Mundo" é um homem a quem, ainda em vida, sua alma Bá fala repentinamente, no momento em que ele está prestes a cometer suicídio. Daí resulta uma famosa e vibrante conversa entre os dois. Acreditava-se que tal encontro com o núcleo da individualidade da pessoa ocorria apenas após a morte, sendo a alma Bá imortal e individual, o aspecto eterno do ser humano. Tornar-se um com a alma Bá significava, portanto, dedicar-se e tornar-se um com a unicidade do universo. Os egípcios acreditavam que, de uma maneira mágica, pela preservação do corpo, realizariam essa tarefa, e nesse ponto tocamos na questão da união entre a química e a religião, uma vez que o principal procedimento químico da mumificação consistia em banhar o cadáver numa base de sódio. Ora, a raiz da palavra latina para o sódio, *natrium*, é n-t-r e significa "Deus". Portanto, isso significava simplesmente que se banhava o cadáver em "Matéria-Prima Divina", ou substância de Deus, até que ficasse totalmente embebido nela e se tornasse eterno. Os cadáveres efetivamente enegreciam e se solidificavam, e o pretume das múmias que podemos ver em qualquer museu é consequência da ação do sódio. Desse modo, o cadáver encharcado no líquido-Deus tornava-se eterno e idêntico à divindade cósmica. Eles diziam, por exemplo, ao banharem o cadáver: "Ó, fulano (o nome), a inundação primordial de Nun (o oceano primordial do qual se originaram todos os deuses) está inundando o seu caixão. Agora você está completamente embebido em Nun, e agora você se transforma em Atum-Rá, o deus cósmico (Atum é o espírito em Nun, seu aspecto espiritual). Agora você e Nun são um só, agora você é Atum, agora você se ergue acima de todos os deuses, você os devora a todos, você é o único, eles todos o servem".

Cada pedacinho do processo de mumificação significava a integração da divindade. As bandagens de linho com as quais a múmia era envolvida representavam as deusas Ísis e Néftis. Quando um cadáver era enrolado dessa maneira nas bandagens, isso significava que estava envolvido pelas noivas ou esposas esquerda e direita de Osíris. No momento da morte, o moribundo é chamado de Osíris, e é idêntico ao deus Osíris. É por isso que, mesmo no famoso papiro sobre o embalsamamento, que nos transmite as regras técnicas para a mumificação do cadáver, ele é sempre chamado de "Ó, Osíris, John Miller (por exemplo) agora você é". Depois, quando se enrola as bandagens, diz-se: "Ó, Osíris/John Miller, agora sua noiva Ísis e sua amada Néftis vêm em sua direção, elas o abraçam, elas o protegem e o preservam em seu abraço, você descansa em seu abraço para sempre e por toda a eternidade". Então, coloca-se ouro nas unhas do morto, e diz-se: "Agora o ouro que pertence a Hórus vem até suas unhas e o faz eterno". O corpo é inteiramente untado com óleo. (O papiro é técnico do princípio ao fim: diz, por exemplo, que o corpo tem que ser embebido em óleo, mas ao ser girado sobre suas costas, deve-se ter cuidado para que a cabeça não tombe para trás.) Depois que o corpo foi untado com óleo, segue-se uma liturgia: "Ó, Osíris/John Miller, agora o óleo que vem de Punt, agora a mirra que vem de tal lugar, a substância de Osíris, a substância do deus Wennofre (que é um dos títulos de Osíris), Hórus vem a você, eles o fazem eterno na eternidade", e assim por diante.

Pode-se observar, portanto, que os egípcios, com seu procedimento químico efetivo, tornavam eterno o morto, transformavam-no em Osíris e também em sua alma Bá. Osíris, para os egípcios, era o princípio cósmico e individual que há em todo homem, correspondendo à representação indiana do Atman cósmico, que tudo penetra, e do Atman individual em cada pessoa – o Purusha cósmico e o Purusha individual. Essa transformação era realizada graças aos procedimentos químicos utilizados no processo da mumificação. Aqui, estamos de volta ao mundo da magia primitiva. A magia africana atual ainda estaria baseada nesse princípio, ou seja, o de que as coisas concretas e materiais estão carregadas com maná, coisas divinas. O que é divino? Os materiais são divinos e, portanto, se usamos qualquer tipo de matéria, estamos usando um Deus, ou uma Divindade repleta de maná, e ao misturar materiais misturam-se forças divinas e uma força é exercida, ou se realizam mudanças dentro do reino das forças divinas.

As técnicas egípcias eram semelhantes a essa. Além disso, eles apropriaram dos sumérios, e depois dos babilônios, uma técnica altamente desenvolvida para obter ligas de diferentes metais: bronze, estanho e assim por diante, e essa técnica era sempre realizada como uma cerimônia religiosa. Por exemplo, para fundir o minério de ferro, dever-se-ia esperar a época adequada do mês na qual Marte, a divindade do ferro, estaria constelada de forma favorável. Para que a fusão do ferro ocorresse perfeitamente, um galo ou, de acordo com algumas fontes, até mesmo uma criança era atirada na fornalha. Isso é ainda praticado em certas regiões do Congo. Talvez alguns de vocês tenham visto um belo filme que passa frequentemente em Zurique e que se chama *Mandara*. Este é o nome de um pequeno vilarejo nas encostas de um morro do Congo, e o filme mostra como o ferro é derretido lá e depois transformado em lanças e armas por um dos homens do vilarejo. Apenas uma família da aldeia tem esse privilégio. A receita é passada de pai para filho e ninguém, a não ser os membros específicos dessa família, tem o direito de fazê-lo. Eles fundem o ferro com os mais primitivos recursos, e então o "ferreiro" do vilarejo executa certos rituais. Durante a fusão do ferro, todos têm de se manter afastados, jejuar e tocar tambores. Até onde pude perceber, não eram feitos sacrifícios diretos, mas no Egito, na maioria dessas tradições, animais, ou até mesmo fetos ou seres humanos, eram sacrificados. E mais uma vez chegamos a um aspecto essencial de toda a tradição alquímica: a conexão entre alquimia e astrologia. Como já mencionei, não se podia derreter ou fundir o ferro sem esperar por um dia favorável, quando o aspecto que protege ou que está em correspondência com o ferro, isto é, Marte, estivesse numa constelação favorável. Para o estanho, Júpiter deve estar em harmonia, e para o ouro a posição do Sol deve estar correta. Cada planeta, desde os mais velhos tempos, sempre esteve associado a um diferente metal; portanto, para que o tratamento desses metais fosse bem-sucedido era necessário conhecer as constelações astrológicas.

Eis aí, como podem ver, as raízes arquetípicas e arcaicas de um conceito que Jung desenterrou graças à sua familiaridade com a alquimia e que vem a ser agora o grande problema da ciência moderna, a saber, a ideia da sincronicidade. Há inclusive uma expressão na alquimia grega que só pode ser traduzida sincronisticamente. O famoso alquimista Zózimo, sobre quem Jung tanto escreveu, diz que há transformações comuns, astrologicamente mágicas, de metais, baseadas em superstição, e que há também transformações *kairikai* de metais. A palavra *kairikai* vem de *Kairós*, que significa momento magicamente favorável, e não apenas do ponto de vista astrológico. É mais ou menos como o conceito chinês de Tao, que apenas se pode alcançar sentindo-o: "*Não* hoje, *não agora*, mas *agora* é o momento exato". Isso é *Kairós*. E Zózimo, ao longo de todo um tratado, diz que a alquimia lida com as transformações *kairikai* dos metais. Isso significa que se deve descobrir, por meio da meditação, qual o momento interno correto para a transformação de um material, e não apenas encarar a constelação astrológica de maneira supersticiosa. Portanto, surge aí o problema da ciência e os ainda insolúveis problemas do tempo – sendo o tempo, como vocês sabem, um dos grandes mistérios com que a ciência ainda não aprendeu a lidar. Mas naquela época eles o observavam por meios astrológicos, que eram a forma mais difundida, e Zózimo, um autêntico místico introvertido, tentou internalizar esse conceito ainda mais dentro da ideia de *Kairós*, o momento interior correto.

Os grandes opostos da natureza humana em geral, a extroversão e a introversão, desempenham um papel muito importante na história da alquimia, bem como na história de todas as outras ciências. Há, no entanto, uma estranha inversão: os teóricos gregos da filosofia natural eram mais extrovertidos e os tecnólogos egípcios eram mais introvertidos, mas quando se encontraram trocaram os papéis. Os gregos se interessaram pelo material concreto e os egípcios por seu aspecto psicológico interior. Desse modo, eles inverteram os papéis nessa época, mas, naturalmente, a oposição interior e o papel de cada uma dessas duas atitudes opostas continuou.

Portanto, desde tempos remotos sempre houve tratados químicos em que se dava maior ênfase às receitas concretas: use isso e aquilo em tais e tais quantidades; verifique se o material está limpo e o misture de tal e tal maneira. Ou havia desenhos esquemáticos mostrando como fazer um forno, e as quantidades que deveriam ser despejadas na mistura, e assim por diante; esboços mostrando como modelar novos copos, retortas e vasos. Predomina aí o lado extrovertido da ciência, e ao ler, por exemplo, a *History of Alchemy,* de Holmyard (Penguin Books), você encontrará apenas este tipo de abordagem. Ele descreve a história da alquimia de maneira extrovertida, e conta para vocês apenas sobre isso. Eles já conheciam o vidro e possuíam certos recipientes e receitas mostrando como fazer isto ou aquilo. A tradição introvertida, por sua vez, mostra uma consciência mais ampla do estado interior e das pressuposições subjetivas e teóricas no âmbito do experimento. Podemos dizer que, naquele exato momento, ocorreu uma grande mudança de direção nas ciências naturais: a linha extrovertida tinha sido explorada até seu limite máximo, e seu exagero culminava em coisas sem sentido. Então, nomes de primeira grandeza na física moderna trataram de procurar novamente o fator subjetivo. Isso começou com a descoberta de que não se pode excluir o observador do experimento, e acredito que isso irá, inevitavelmente, ainda mais além, a saber, não apenas não se pode excluir o observador como também não se pode excluir suas condições subjetivas.

Estamos agora exatamente na iminência de retornar à tradição mais introvertida. Porém, do século XVI em diante, tudo correu de forma totalmente unilateral, mais na linha da experiência e com uma abordagem extrovertida. A abordagem introvertida foi, desde o princípio, representada por homens como Zózimo e, entre os árabes, por exemplo, por um místico xiita do século X chamado Mohammed Ibn Umail, que aparece sempre citado em textos latinos como Senior. Ele era um *sheik* e Senior era simplesmente a tradução dessa palavra. Essas pessoas abordavam o problema sob outro pressuposto, o de que o mistério que estavam tentando descobrir, o mistério da estrutura do universo, estava neles mesmos, em seus próprios corpos e naquela parte de sua personalidade que chamamos de o inconsciente, mas que eles diriam ser a vida de sua própria existência material.

Eles pensavam que, em vez de trabalhar com materiais externos, você poderia, com igual pertinência, olhar dentro de si e obter diretamente informações provenientes desse mistério porque você é esse mistério. Afinal, você também era a parte do mistério da existência cósmica e, portanto, poderia examiná-lo diretamente. Mais que isso, você poderia pedir à matéria, o mistério do qual você consiste, para que ela lhe dissesse o que ele é, para que ela se revelasse a você. Em vez de tratá-la como um objeto morto a ser atirado num vaso e a seguir cozinhado para ver o que resultaria, você poderia, por exemplo, pegar um bloco de ferro, e perguntar-lhe o que ele é, que tipo de vida é a sua, o que ele está operando e como se sente ao ser derretido. No entanto, como esses materiais estão dentro de você, você também pode contactá-los diretamente e, dessa maneira, eles contactavam o que nós agora chamaríamos de inconsciente coletivo, que para eles era também projetado no aspecto interior de seus próprios corpos. Eles consultavam diretamente esses poderes, por intermédio do que chamavam de meditação e, portanto, a maioria desses alquimistas introvertidos sempre acentuava o fato de que não apenas se deveria fazer experiências exteriores, mas que também seria necessário intercalar fases de introversão com preces e meditação e uma espécie de yoga. Com a meditação yoga, você tenta encontrar a informação ou a hipótese correta sobre o que está fazendo ou sobre os materiais. Ou pode, por exemplo, falar com o mercúrio ou com o ferro, e se fala com o mercúrio ou com o ferro então, naturalmente, o inconsciente preenche as lacunas com uma personificação. Assim, Mercúrio aparece para você e lhe diz quem é o deus Sol. Um poder, a alma do ouro, aparece e lhe diz quem ele é e o que é.

Olhando para trás na história podemos dizer que o que vemos agora como duas coisas, e que, por motivo de clareza, tentamos manter separadas, a saber, aquilo que em termos junguianos chamamos de inconsciente coletivo e aquilo que em termos da física chamamos de matéria, eram, para a alquimia, sempre uma única coisa. Vocês sabem que Jung também estava convencido de que eram ambos a mesma coisa desconhecida, só que num dos casos observada de fora, e no outro, de dentro. Se você a observa com a abordagem extrovertida, de fora, então você a chama de matéria. Se você a observa com a abordagem introvertida, de dentro, você a chama de inconsciente coletivo. Essa dupla tendência é vista, por exemplo, em títulos de livros como *As Coisas Físicas e Místicas,* que é um antigo e famoso tratado do pseudo-Demócrito. Por *physika* ele entende o aspecto receita, de natureza química; e por *mystika* ele entende o aspecto teórico religioso-filosófico, que se atinge por intermédio da meditação sobre a alquimia. Ainda em nossos dias ocorre parcialmente essa divisão, como na física teórica, que é ainda uma tendência que segue um duplo curso.

Para o homem original e para o homem arcaico, todas as substâncias eram – e pode-se dizer que ainda são – entidades em última análise desconhecidas. Por esse motivo, essas substâncias levam nomes, nos antigos tratados gregos, que simplesmente não sabemos como traduzir. Por exemplo, o enxofre é chamado *theion* e *theion* também significa o divino. Há também uma substância chamada *arsenikon* que é mencionada com frequência. *Arsenikon* significa simplesmente macho e, em contraste com *theion*, que realmente significa enxofre, não se pode definir aquilo que, nos antigos tratados, se entende por *arsenikon*; poderia significar qualquer coisa. Portanto, as traduções de antigos tratados de alquimia simplesmente deixam o termo *arsenikon* como sinônimo da substância masculina, pois tal palavra incluía qualquer substância que fosse quente e que "atacasse qualquer outra substância". Por exemplo, todos os ácidos são masculinos porque corroem e atacam outra substância. A prata é feminina porque é muito facilmente atacada, como é muito passiva, corrói-se com muita facilidade, e assim por diante. Qualquer substância quente, qualquer substância que tenha uma tendência para alterar quimicamente outras substâncias era chamada de *arsenikon*. Hoje, essa palavra especificou-se numa única coisa – o arsênico – mas não era assim antigamente. Se você encontrar a palavra *arsenikon* em velhos textos, ela não estará significando arsênico, pois cada autor tinha em mente uma determinada substância, embora não se possa saber qual. Há sentenças em que até mesmo a palavra *theion*, divino, aparece, e simplesmente não se sabe se ela deve ser traduzida como o mistério divino básico do universo ou se deve ser traduzida por enxofre! É por isso que, praticamente, não se pode utilizar nenhuma das traduções, mas é preciso aprender grego e latim e fazer nossa própria retradução.

Devido à tendência extrovertida da história da ciência, modernos historiadores da química sempre traduziram *theion* por enxofre, mas há contextos nos quais esse significado é extremamente duvidoso, podendo perfeitamente manter o outro significado, de um misterioso material divino, o mistério de Deus dentro da matéria. A curiosidade do homem, que o levou a fazer experiências com as substâncias, sempre se baseou na ideia de que, indiretamente, ele poderia descobrir mais acerca da Divindade, ou do mistério divino, o mistério definitivo da existência. Assim como quando se examina uma pintura ou um artesanato, e se fica admirado com ela, pode-se adivinhar muitas coisas sobre o seu autor, da mesma forma, o homem sempre pensou que desvendar o mistério do cosmos e da existência o levaria para mais perto daquela força misteriosa que os criara, qualquer que fosse essa força.

Esse impulso arquetípico mitológico que havia por trás da autêntica ânsia de investigar daqueles cientistas ainda sobrevive nos grandes cientistas de nossos dias. Se, ao discutir com Niels Bohr, Einstein exclama subitamente com comoção: "Então, Deus não joga dados", ele se revela. O impulso dinâmico último de tornar-se um físico baseia-se no desejo de saber mais sobre como Deus trabalha, e se, depois de ouvir que o princípio da paridade não é mais completamente válido pois sofreu uma ruptura, a primeira exclamação de Pauli foi: "Então, Deus é, afinal de contas, um canhoto", tem-se a mesma coisa! Desse modo, vocês percebem que eles ainda são dois alquimistas, em versão moderna, e que seu interesse pela investigação do mistério da matéria também não é veiculado apenas por impulsos materiais, ou por oportunismo ou por ambição acadêmica, como ocorre com os espíritos menores. Os realmente grandes e criativos tinham o mesmo impulso que os alquimistas: descobrir mais acerca daquele espírito ou coisa divina, ou como quer que vocês o chamem, que existe por trás de toda existência.

Essa visão temperamental do seu próprio trabalho era a atitude dos alquimistas, ou pelo menos dos grandes alquimistas. Até mesmo no século III eles se achavam numa completa confusão quanto aos significados que certas palavras tinham nos textos dos outros. Não somos nós os primeiros a ter dúvidas se devemos traduzir *theion* por enxofre ou por divino, ou *arsenikon* por um ácido, ou por uma substância quente ou por páprica ou sei lá o que – apenas o aspecto masculino dinâmico da matéria – pois até mesmo eles se confundiam por não poderem consultar seus colegas, uma vez que todos eram experimentadores solitários. Assim, eles falavam sobre uma linguagem exotérica e sobre uma linguagem esotérica, e desse modo envolviam-se numa confusão totalmente babilônica de linguagem, que tentavam retificar entre si dizendo: "Na verdade, eu quis dizer isso, e tal coisa quer dizer aquilo, e tal outra coisa não quer dizer aquilo". Por exemplo, Zózimo diz que a substância básica do mundo é o misterioso elemento ômega. Na linguagem exotérica, não mística, essa matéria é a água do oceano; mas na linguagem esotérica é um mistério terrível, que apenas certo autor gnóstico, Nikotheos, conhecia. A água do oceano, de acordo com Tales de Mileto, é a origem do mundo, a *prima materia* básica, o material básico do mundo, e seu aspecto químico exterior banal é a água do mar, mas o que ela *realmente* significa, afirma Zózimo, é um mistério religioso gnóstico.

Chegamos agora, de maneira natural, à situação da consciência religiosa coletiva na época do aparecimento da alquimia. No geral, as pessoas instruídas não aderiam mais aos cultos religiosos gregos primitivos, porém tinham uma visão semirreligiosa, semifilosófica, enquanto as pessoas ligadas à agricultura tinham uma visão astrológica e mágica das coisas. Então, graças à difusão do Império Romano, surgiu esse fenômeno chamado sincretismo. Os romanos tinham uma maneira muito sagaz de assimilar os povos ao seu império: traduzir os arquétipos. Se, por exemplo, conquistavam uma tribo etrusca, ou quando mais tarde conquistaram as tribos celtas, indagavam qual era o principal deus celeste masculino. Como todos eles eram indo-germânicos, todos tinham o mesmo padrão. Os conquistados diziam: "É Fulano de Tal", ao que os romanos respondiam: "A partir de agora, ele é Júpiter Fulano de

Tal. Qual é a sua principal deusa da Terra?". "É Fulana de Tal." "Bem, a partir de agora nós a chamaremos Juno ou Hera Fulana de Tal." "Quem é seu principal deus do comércio, do tráfico e da inteligência?" "É Kerunnus." "OK. Ele será chamado de Mercúrio-Kerunnus." Assim, por toda parte na França encontramos templos dedicados a Mercúrio-Kerunnus. Essa foi uma maneira inteligente de evitar lutas fanáticas religiosas e de conseguir integração ao Império Romano. Isso criava uma espécie de religião sincretista na qual as pessoas se acostumavam a pensar indiretamente em energias arquetípicas, no sentido de que existe certo deus pai superior, uma grande deusa mãe, um deus da inteligência etc. Naturalmente, isso enfraquecia tremendamente e acabava destruindo a perspectiva religiosa, mas resolvia o problema imediato e relativizava todos os contrastes religiosos que pudessem surgir.

Sob o manto dessas tradições religiosas sincréticas, aqueles que eram, por temperamento, de orientação mais religiosa geralmente procuravam algo mais real e mais concreto, algo que lhes tocasse não apenas a mente, mas também o coração, e se dedicavam mais e mais a certos cultos de mistérios. Houve o grande alastramento dos diferentes cultos de mistérios de Mitra, de Ísis, de Osíris, dos mistérios egípcios e dos mistérios de Elêusis que se difundiam cada vez mais com seu simbolismo e suas iniciações – mas isso seria assunto para toda outra palestra. A alquimia se ajusta perfeitamente à situação da consciência religiosa e filosófica da época, e o maior alquimista do século III é um grego egípcio ou egípcio grego, Zózimo. (Não sabemos se ele era um egípcio helenizado ou apenas um grego que vivia no Egito.) Ele tinha uma visão gnóstica, o que significa que aderia ao gnosticismo, mas também estava bastante familiarizado com a tradição cristã, o que na época não representava um contraste. Enquanto o povo simples agarrava-se ao cristianismo como a única salvação, a nova luz, a coisa diferente, certas pessoas mais céticas, intelectualizadas e relativistas achavam-no apenas "aceitável"; o cristianismo seguia ao lado do gnosticismo e do mitraísmo (é por isso que existem até mesmo inscrições dedicadas a Jesus Dioniso, ou a Jesus Sarapis), porém não podiam permitir que o cristianismo representasse um completo contraste. Eram eles as pessoas educadas com seu relativismo intelectual típico, e Zózimo foi um desses homens. Sua perspectiva era, conscientemente, a gnóstica, mas sua paixão religiosa estava investida na alquimia, na procura pelo mistério da Divindade na matéria. Ora, um dos conceitos que desempenha papel fundamental na alquimia é o conceito da *prima materia*, a matéria-prima, a matéria básica, a substância única da qual tudo o mais é feito. As pessoas sentiam que se pudessem descobrir coisas a respeito dela — e este é ainda um tema da física moderna — então teriam descoberto a chave básica da existência material. Assim, quando se compara, como fez Jung, todos os diferentes conceitos com os quais eles definem a *prima materia*, verifica-se quão tremendamente ocupados estavam os alquimistas com esse campo de pesquisa.

Na história da alquimia, deve-se ter em mente a dupla tendência das abordagens extrovertida e introvertida. Pode-se imaginar naturalmente que entre os alquimistas, os introvertidos, por exemplo na época de Zózimo, estavam mais inclinados a se interessar pelos cultos de mistérios. Eram eles que anotavam seus próprios sonhos e tentavam utilizá-los, bem como o significado desses sonhos, como uma fonte de informações sobre o que estavam fazendo. Os extrovertidos em geral se prendiam mais à forma de pensamento que dominava oficialmente. Isso continuou quando a alquimia passou pelas mãos dos árabes e o Islã dividiu-se entre sunitas e xiitas, sendo os sunitas o povo ortodoxo do Norte, conformista, religioso e "seguidor do livro", e os xiitas aqueles que possuíam uma abordagem mais pessoal e mística, e se preocupavam mais com a individuação e a iniciação interiores.

O alquimista introvertido identificava-se mais com os xiitas, e o extrovertido mais com os sunitas. O grande autor, Mohammed Ibn Umail era um xiita cujo melhor amigo foi queimado como mártir xiita. Se alguém ler *The Histories of Chemistry*, escrito a partir da abordagem extrovertida, constatará que na tradição árabe, o grande homem era Al-Razi. Ele, naturalmente, não era xiita, mas sim sunita, e introduziu na química algo que possui ainda a maior importância, e de fato ele tem o mérito de ter levado a ciência química um pouco mais adiante. Ele descobriu que a *quantidade* de materiais utilizados fazia diferença. Introduziu na química o que chamou de ciência da balança, ciência do equilíbrio, e daí em diante boas receitas davam uma definição exata, dizendo quantas libras de uma substância deveriam ser misturadas com quantas libras de outra, de modo a se fazer uma boa amálgama ou liga. No entanto, nas modernas histórias da química, Mohammed Ibn Umail é chamado de místico confuso.

Quando a alquimia atingiu o Ocidente, o mesmo fenômeno voltou a ocorrer entre os monges e os filósofos escolásticos. Um extrovertido como Alberto Magno adotou principalmente o aspecto químico, enquanto o autor de *Aurora Consurgens* (que acredito ser São Tomás de Aquino), um introvertido, assimilou sobretudo os aspectos místicos da alquimia, citando principalmente Mohammed Ibn Umail. Entre os monges medievais, os místicos se prendiam ao texto xiita e às tradições platônicas nos aspectos filosóficos da alquimia, enquanto os extrovertidos tentavam assimilar as informações de Al-Razi e estavam mais interessados na construção de fornos ou em aspectos técnicos e receitas exatas, e no entendimento destes.

Um dos conceitos básicos da alquimia, além do de *prima materia*, de espaço, de tempo e de energia de uma partícula, é o conceito do que se poderia chamar de afinidade química, e que naquele tempo era compreendido como a atração inexplicável que certas substâncias exerciam sobre outras, e a repulsão inexplicável de outras. Isso significava que um químico era estimado pela sua capacidade de efetuar certas combinações ou amalgamações de substâncias – o famoso motivo da *coniunctio*. De novo, a tradição mística introvertida era usualmente comparada à representação religiosa do casamento secreto da alma com

Deus, ou do homem com a sabedoria divina. Já nos tempos islâmicos, o Cântico dos Cânticos tornou-se um dos grandes manuais alquímicos expressando a história da união do amor num sentido religioso.

Para que possamos entender o mérito do alquimista e não sermos tomados pela tendência moderna de descartar a alquimia com a observação de que nada era quimicamente conhecido, devemos, num esforço de imaginação, tentar visualizar a situação naquela época e deixar que nossos sentimentos remontem àquela situação. Por exemplo, talvez exista um homem que desde bem cedo em sua infância tenha se perguntado o que uma coisa realmente é. O que é uma pedra? Uma pedra tem alma? Você poderia tentar obter informações nos livros. Em Roma e em alguns outros centros havia bibliotecas e livrarias, mas era praticamente impossível encontrar livros sobre química caso você vivesse um pouco afastado, de modo que era uma grande aventura conseguir alguns livros para se informar, e você ficaria arruinado se os comprasse. Então, você poderia ler: "Misture o divino, 3 libras, com o arsênico, 2 libras, e então verifique se a constelação astrológica está certa. A seguir, se você orar a Deus e se tiver purificado sua casa, pode ficar paciente pois a grande união ocorrerá". Você precisava trabalhar abrindo caminho através de toda essa linguagem e tentando compreendê-la. Por outro lado, as escavações de Óstia nos mostram em que buracos você tinha de viver naquela época, exceto fora das cidades. Assim, você precisaria construir o forno do lado de fora, pois a sra. Fulano de Tal diria:

"Ele vai pôr fogo em toda a vizinhança, e não queremos que isso aconteça nas nossas casas!". Portanto, você tinha de comprar um pedaço de terra numa floresta e lá construir o forno. Então, chegavam pessoas e queriam espiar o que você estava fazendo, de maneira que você se via obrigado a manter empregados prontos a jurar que não contariam nada a ninguém. Então, corria o boato de que você era um praticante de magia negra que estava conjurando demônios, e que se a polícia não proibisse isso, você acabaria destruindo o lugar. Então, você subornaria a polícia local, ou o duque, ou o administrador do lugar com montes de dinheiro (se ainda lhe restasse algum). Então, eles o deixariam em paz para que você prosseguisse com os experimentos científicos. A seguir, você teria de obter a *prima materia* e descobrir onde conseguir ouro, ou o que quer que você precisasse para começar. Depois, você teria de construir o vaso: precisaria ir a um oleiro e encomendar certos vasos capazes de suportar altas temperaturas. Naquele tempo, tais recipientes não podiam ser produzidos como hoje, de modo que eles tinham verdadeiras "garrafas térmicas" que simplesmente permaneciam aquecidas dia e noite com carvão ou lenha, e então tiveram de descobrir a técnica de insuflar ar no fogo para obter maiores temperaturas. Assim, você precisava contratar algum simplório que estivesse disposto a ficar acordado dia e noite para acionar os foles de modo a obter o calor, e se o camarada desse uma saidinha para tomar uma cerveja, toda a sua experiência estaria arruinada, e você teria de começar tudo de novo.

Não estou fantasiando. Vocês podem ler sobre isso nos livros de alquimia. Eles dizem: "Cuides para que teu fogo nunca se apague... caso contrário, deves começar tudo novamente". Isto deve ser tomado em seu duplo sentido, pois é verdadeiro tanto concreta como psicologicamente.

Outro grande perigo que rondava todo alquimista vinha dos senhores empobrecidos, que sempre pensavam: "Se ao menos eu pudesse agarrar aquele homem e fazê-lo fabricar ouro para encher os meus cofres". Os alquimistas eram frequentemente raptados e torturados pelos que queriam forçá-los a fabricar ouro de alguma maneira mística ou mágica, ou para falsificar dinheiro e salvar algum grande senhor falido. Por isso muitos tratados advertem: "Pelo amor de Deus, mantenha-se afastado, mantenha-se desconhecido, guarde segredo do que está fazendo, para não cair nas garras de senhores vorazes".

Por fim, mas não menos importante, havia também, é claro, aqueles que entreviam a boa oportunidade da situação, fingiam ser alquimistas e, conscientemente, fabricavam ouro e dinheiro falsos. Fabricavam um tipo rudimentar de liga de bronze, com um pouco de corante, como ainda se costuma fazer. Isso explica a tradição de fabricar imitações de ouro e dinheiro falso e que segue os passos da alquimia. Eram inescrupulosos que percebiam que era isso que o mundo esperava dos alquimistas, e alguns, de caráter bastante fraco, diziam que, já que era isso o que o mundo queria deles, eles iriam fazê-lo e fazer carreira para si mesmos. É por isso que todos os verdadeiros cientistas, os verdadeiros pesquisadores entre os alquimistas, dizem: "Eu não estou à procura do ouro do homem comum, não estou procurando o ouro vulgar. [Isto tem um significado bastante concreto.] Estou à procura de um ouro superior, estou procurando algo mais".

Alguns, na verdade tentaram fazer ouro concretamente, mas queriam descobrir o mistério de como um metal pode se transformar em outro. Sabemos agora que isso é possível: pode-se *fazer* ouro a partir de outros metais. O sonho dos alquimistas tornou-se real no século XX, mas não vale a pena. É tremendamente caro, mas eles estavam certos, mesmo de maneira concreta, cientificamente certos. Mas os verdadeiros alquimistas, os honestos, como eu os chamariam, mesmo se tentassem fazê-lo, o fariam porque queriam descobrir esse princípio cientificamente. Não estavam interessados em enriquecer ou em fabricar dinheiro para algum duque falido.

Daí, vocês podem ver como era concreta (do ponto de vista monetário) e psicologicamente dispendioso ser um alquimista. Você se tornava uma pessoa muito solitária e era considerado como uma espécie de feiticeiro ou adepto da magia negra ou, na melhor das hipóteses, não era notado se se escondesse completamente, trabalhasse à noite e tivesse alguma outra profissão durante o dia. Realmente, era um trabalho em sua maior parte subterrâneo. Algumas vezes, entretanto — como, por exemplo no período árabe do *sheik* Al Mamoun — certos senhores, *sheiks* e alguns árabes, e mais tarde, novamente na Europa, abades ou bispos maiores, ou membros da hierarquia da Igreja, ou senhores

seculares, interessavam-se pela alquimia e patrocinavam verdadeiros alquimistas em suas investigações. Não tinham intenção
de forçá-los a fabricar dinheiro, mas, estavam eles mesmos apaixonadamente interessados e envolvidos, e ajudavam outros em
seus trabalhos.

Agora, imagine que você é um desses alquimistas! Você se
senta, numa certa tarde, com seus livros, e imagina como traduzir uma frase ou como entender o que outro alquimista está
dizendo. Então, alguém bate à porta, e um vagabundo entra e
diz: "Eu soube que você está interessado em alquimia, veja o que
tenho aqui". E ele atira sobre a sua mesa um pedaço de minério
brilhante como ouro, e diz: "Então, é isto o que você quer?".
Você pergunta o que é, e ele lhe diz que se trata de algo muito
valioso. Então você o compra do camarada, mas não faz a menor
ideia do que se trata. Você vira e revira o material, e o coloca no
forno e quando está muito quente algo começa a pingar, e se
você aproxima um pouco mais o nariz sente-se, de repente, terrivelmente mal e quase cai morto e fica prostrado durante vários
dias, tomado por delírios e num estado de intoxicação. Quando
você se recupera, se o conseguir, volta ao seu laboratório e pensa
que o que comprou devia conter chumbo venenoso. Daí o fato
de se ler em textos antigos que "o chumbo contém um espírito
perigoso que torna as pessoas dementes, maníacas e loucas. Cuidado com o espírito do chumbo na obra". Isto não é apenas uma
verdade psicológica. O chumbo é um símbolo e está relacionado
com Saturno, com o espírito da depressão, simbolicamente. Mas

a consideração de que o chumbo é uma projeção do diabo, que ele contém o diabo e um espírito que provoca loucura, é também um fato químico concreto. *Se você retroceder na história, perceberá que o fator psíquico e o fator material eram absolutamente um só*, e quando você lê os textos, deve fazê-lo de duas maneiras: quando dizem que o chumbo contém um espírito maligno causador de loucura, isso também significa que o chumbo é venenoso. É por isso que eles dizem que Mercúrio é também um espírito maligno que é capaz de confundi-lo completamente, pois de fato pode ocorrer um envenenamento pelo elemento químico mercúrio.

Ao trabalhar com as substâncias, você ganha erupções na pele, tem delírios, fica doente, e é por isso que você lê, em certos tratados, que "muitos pereceram na nossa obra". Isso, mais uma vez, não é apenas psicologicamente, mas também de fato, verdadeiro. Muitos foram vítimas de seus experimentos, pois não sabiam com que estavam lidando.

Vocês veem, portanto, que era *essa* a situação de um alquimista. Ele era um homem dos subterrâneos que, movido por uma paixão pessoal secreta, procurava os segredos de Deus, por meio dos quais Ele fizera todo este maravilhoso mundo cósmico no qual geralmente nos sentimos tão estupefatos. O alquimista dava o sangue da sua vida, seu dinheiro e sua devoção à prática experimental, para descobrir o que poderiam significar tais coisas, e ao mesmo tempo para tentar entender a linguagem obscura de seus próprios sonhos e continuar andando às apalpadelas no escuro. Naturalmente, como sempre acontece quando nos defrontamos com o desconhecido, a imaginação inconsciente projeta imagens arquetípicas hipotéticas. Assim, eles trabalhavam com seus sonhos e com suas representações arquetípicas hipotéticas para descobrir mais acerca desse mistério.

Se lerem *Psicologia e Alquimia* ou *Mysterium Coniunctionis* de Jung, poderão suspirar e queixar-se de que são de difícil leitura, mas posso dizer apenas que se fizerem isso estarão sendo muito ingratos. Vocês deveriam ler a literatura original de onde Jung colheu esse material, o monte de esterco de onde ele extraiu o ouro que encontramos em seus livros. É preciso ler páginas e páginas de blá-blá-blá ou de coisas ininteligíveis para encontrar, de tempos em tempos, uma frase psicologicamente compreensível. Num texto, pode-se ler sobre o *theion* e não se sabe se ele se refere ao enxofre ou a algo divino ou a qualquer outra coisa. O melhor que se pode fazer então é ler vinte outros tratados sobre o *theion*, e depois fazer uma lista. "Fulano de Tal diz que *theion* é isto." Então, de repente, você tem uma ideia aproximada sobre o seu significado.

Jung fez isso. Ele possuía a maior coleção de livros de alquimia de todo o mundo, pois na época em que ele começou a se interessar pelo assunto ainda se podia comprar tratados maravilhosos. Eu, por exemplo, também estive procurando esses livros. Você podia comprar então por 10 francos o que hoje custa 300 pois, devido a Jung, tornou-se moda colecionar livros de alquimia. Ele coletou todos os livros, e fez então um registro sinóptico, escrevendo "enxofre", "arsênico", e assim por diante, registrando as referências através de toda a literatura alquímica. Em pequenas letras manuscritas, principalmente em latim abreviado, ele agrupou todas essas anotações, como uma visão sinóptica da Bíblia. Por exemplo, vamos ver o que Cristo disse sobre Sofia em São Lucas e em São Marcos, e então vamos comparar essas duas referências exaustivamente. Esta era a única maneira de proceder, mas não foi invenção sua, pois os alquimistas já diziam: "Um livro abre outro. Leia muitos livros e compare-os minuciosamente, e então encontrará o significado. Ao ler apenas um livro, você não o encontrará e, portanto, não o poderá decifrar".

Jung resumiu os conceitos mais importantes em *Psicologia e Alquimia* e em *Mysterium Coniunctionis*. É, portanto, muito deprimente palestrar sobre alquimia no Instituto Jung. Sempre me acho em dificuldade porque não se pode dizer ou encontrar nada importante que já não tenha sido dito por ele. Os poucos textos que ele não menciona em seus livros são, em sua maioria, sem importância. Não encontrei ainda qualquer passagem relevante ou interessante de um texto de alquimia do qual Jung já não tenha extraído a essência. Pode-se, portanto, recorrer apenas a textos secundários, quando não se teve o tipo correto de impressão, ou então, o que seria mais inteligente, pode-se ler *Psicologia e Alquimia* de Jung e comentá-la psicologicamente, passo a passo. Mas vocês devem ser inteligentes e interessados o bastante para fazer isso por conta própria. A terceira possibilidade – e é por ela que me decidi – é a de tomar um dos alquimistas interessantes (mas do qual, em verdade, Jung já extraiu toda a nata) e aprofundar-me em seus textos como um todo, de modo a obter uma exata impressão do contexto e do material originais. (Mas mesmo assim ainda precisaremos por vezes recorrer aos comentários de Jung.)

Escolhi o texto de um alquimista chamado Gerhard Dorn, que deve ter vivido na segunda metade do século XVI. Não se conhece a data exata do seu nascimento nem a da sua morte, mas suas principais publicações aparecem entre 1565 e 1578. Sabemos também que ele foi médico, clínico geral, e que era adepto e fervoroso discípulo e defensor de seu mestre Paracelso. Desenvolveu, além disso, a farmacologia até certo ponto, pois, ao contrário da maioria dos clínicos gerais do seu tempo, ele não se restringia ao uso das ervas medicinais. Uma de suas contribuições farmacológicas extrovertidas foi a descoberta de que se certos remédios químicos fossem aplicados numa forma refinada, se fossem mais bem destilados, teriam efeito melhor e mais acentuado. Dorn era um introvertido, um homem muito religioso, e se vocês lerem os últimos capítulos de *Mysterium Coniunctionis*, nos quais Jung o cita e tece comentários sobre seus trabalhos, verificarão que ele é também notável por outra razão: como introvertido, ele não só tinha conhecimento dos aspectos psíquicos interiores do trabalho alquímico como também tentou, de forma absolutamente genuína, exercitar a imaginação ativa. Ele procurava conversar com as coisas com as quais estava lidando. Existem tais textos, e eu lerei para vocês essa parte de seu trabalho, essas imaginações ativas.

Jung às vezes definia a tradição psicológica introvertida na alquimia como sendo a arte da imaginação ativa com as substâncias. Geralmente pensamos na imaginação ativa como uma conversação com nossos complexos personificados, tentando, em nossa imaginação e fantasia, personificar alguns de nossos complexos e então acertar as contas com eles, os complexos do ego, ou o ego, ao conversar com esses fatores internos. Como sabem, pode-se também ativar a imaginação pela pintura; vocês apanham um pincel e produzem seu material inconsciente na forma de uma fantasia pintada, ou então da escultura, ou da dança. Pode-se canalizar formas muito diversas de autoexpressão até o inconsciente. Com seus corpos, vocês podem dançar uma fantasia, ou com um pincel vocês podem pintar uma imagem fantástica. Então, por que não poderíamos levar material químico ao inconsciente, e com ele produzir nossa fantasia? Por que, em vez de formar um mosaico com uma imagem de fantasia, para com isso exprimir nossa situação inconsciente, não poderíamos tomar de diferentes materiais que nos afetam de modo a expressar alguma coisa em nós, e *misturá-los*? Este era, então, um aspecto introvertido da alquimia, e, naturalmente, enquanto fazem isso, vocês podem conversar com esses materiais.

Na verdade, eu mesma redescobri isso quando tinha dez anos de idade, embora se vocês mencionassem a palavra alquimia, eu não soubesse do que se tratava. Quando morava no campo, eu costumava brincar muitas vezes sozinha numa pequena casa de jardim que ficava junto ao galinheiro. Certa vez, li num jornal que dava informações sobre ciências naturais para jovens, que o âmbar era na verdade uma resina extraída de velhas árvores e que tinha sido "lapidada" pelo mar. Isso, de certa forma, pôs em funcionamento a minha fantasia e pensei que queria fazer uma pérola de âmbar amarelo. Havia nisso um genuíno pensamento alquímico embora eu não tivesse a menor ideia da alquimia, mas depois de ler o jornal, senti que devia fazer uma pérola de âmbar. Então, pensei: "Bem, já que a natureza produz o âmbar fazendo rolar a resina no mar, devemos acelerar o processo da natureza". Vocês encontram isso em qualquer texto de alquimia: "Estamos acelerando os processos da natureza".

Eu não tinha a mínima ideia do que fazer, mas enfrentei o problema de maneira completamente ingênua. Eu acreditava que a água do mar consistia de água com sal e iodo (era tudo que sabia naquela altura), e assim eu apenas apanhei sal na cozinha e iodo da caixa de remédio de meus pais e os misturei. Não sabia quais as quantidades, mas presumia que agora eu tinha água do mar. Então, juntei resina das árvores próximas, a qual, naturalmente, estava cheia de sujeira – pedacinhos de madeira e assim por diante. Então, pensei (e mais uma vez isso era alquimia, embora eu não o soubesse) que antes de misturar as substâncias devia purificá-las isoladamente. A água do mar era pura, pois eu a tinha feito, mas agora eu devia purificar a resina, e para isso eu tinha primeiro que derretê-la e então fazê-la passar por uma peneira para tirar as impurezas. Enquanto a estava derretendo numa panela roubada, me enchi de piedade pela resina e comecei a imaginar se ela sentia dor. Pensei que, se cozinhássemos um ser humano, ele seria tomado por agonia, e pensei se a matéria estava realmente morta, ou se a resina sofria ao ser aquecida. Então, conversei com ela. Eu disse: "Olhe, você pode sofrer grandes torturas, mas vai se transformar numa pérola de âmbar amarelo tão bonita que vale a pena suportar o calor do forno!".

Bem, como frequentemente acontecia com os alquimistas, a experiência teve um final triste. A coisa toda pegou fogo, queimei minhas sobrancelhas e, por causa disso, meus pais descobriram o que estivera fazendo e impuseram uma infeliz interrupção à minha alquimia. Só bem mais tarde, quando eu já estava com 19 ou 20 anos e conheci Jung, e ele me pediu que examinasse para ele alguns textos alquímicos, descobri que tinha feito alguma coisa arquetípica que sempre estava presente em toda a história da alquimia, e eu não tivera a mínima ideia do que estava fazendo. Era uma daquelas ocasiões em que se vê o reaparecimento de um arquétipo, pois na biblioteca de meus pais (como se poderia verificar) não havia um só livro com uma única alusão à alquimia. Eu não poderia, nem por criptomnésia, ter ouvido falar sobre o assunto. E na minha escola local suíça, nas aulas mais elementares, ninguém ouvira falar sobre fabricação de pérolas ou sobre alquimia. Vocês poderiam então chamar isso de um exemplo de imaginação ativa, ou melhor, de imaginação passiva, naquela altura; mas uma imaginação que fazia um jogo de fantasia com a substância material – não pintando uma pérola dourada, mas fabricando uma. E era desse modo que os alquimistas trabalhavam.

Agora, vocês percebem que ao pensar sobre um tema arquetípico ou a respeito de um cenário arquetípico, tal como os que aparecem com muita frequência nos mitos e nos contos de fadas, as pessoas são apanhadas numa armadilha. Elas entram num castelo e a porta se fecha por trás delas, e isso sempre significa que agora estão no *Self*. Agora elas atingiram aquele ponto da sua psique em que não podem mais fugir de si mesmas. Estão agora em maus lençóis e o ego, que sempre acalenta a ideia de escapar do que tem de fazer, sabe que agora essas pessoas estão na ratoeira, e que até agora não preencheram as exigências do *Self*, e não serão liberadas.

Em todos os contos de fadas e padrões mitológicos, sempre se consegue escapar, apesar de tudo, mas apenas depois de se ter realizado um feito heroico. Não adianta tentar fugir, pois não é possível escapar. Há, por exemplo, uma história persa em que o herói cai na banheira de Gayomard e quase se afoga antes de conseguir tocar na pedra redonda e escapar. Em 1926, Jung teve um sonho, que relata em *Memórias, Sonhos, Reflexões*, em que foi transportado ao século XVII, época em que a tradição da alquimia foi abandonada. Somente mais tarde, quando já estava estudando textos de alquimia, é que compreendeu que seu sonho significava que ele estava condenado a estudar, "começando do começo" essa tradição abandonada. A abordagem introvertida na alquimia demonstra que ela é tanto uma investigação do inconsciente coletivo como da matéria. Nessa tendência puramente psicológica do simbolismo alquímico, podemos reconhecer nosso procedimento atual quando fazemos experiências com a camada básica, desconhecida e objetiva da nossa própria constituição. Muitos alquimistas praticavam o que Jung descobriu muito tempo atrás sem a ajuda da alquimia, ou seja, a imaginação ativa.

Para a próxima palestra eu recomendaria que vocês lessem *Psicologia e Alquimia* e também, se possível, *Paracelsica*. Embora seja muito difícil, essa leitura os situará no *background* de Dorn, e se eu tivesse de falar sobre Paracelso antes, então só poderia começar com Dorn depois do final do semestre, pois Paracelso era um gênio e uma grande personalidade e por si só um tema completo. Mas Dorn era grande admirador de Paracelso, e vocês verão, para seu maior prazer, que Dorn retoma as raízes egípcias e está interessado principalmente na imortalidade do corpo.

2ª Palestra

O PODER DIVINO NA MATÉRIA

Na palestra anterior, tentei traçar um breve esboço histórico das origens da alquimia, do seu desenvolvimento e do papel geral que ela desempenha em nosso *background* histórico. Antes de iniciar meu assunto específico, eu gostaria de me deter ainda um pouco nesse tema e falar sobre um problema que só abordei vagamente: a relação entre a alquimia e o cristianismo. Vocês verão mais tarde que essa relação desempenha um papel fundamental nas ideias e no problema de Gerhard Dorn. Mencionei apenas que, no mundo árabe, o interesse pela alquimia ocorria principalmente entre os xiitas, que representavam os mais introvertidos e individualistas entre os islâmicos, e que na tradição judaica foram novamente os movimentos cabalista e hassídico os que mais se interessaram, ao contrário das escolas talmúdicas. Vocês verão também que no cristianismo foram sobretudo os monges — inicialmente as ordens mendicantes, alguns dominicanos e, mais tarde, os franciscanos — os que mais se interessaram quando a alquimia voltou para o Ocidente através da Espanha e da Sicília. Houve também alguns movimentos cristãos não oficiais, atualmente englobados sob a denominação genérica de movimentos de pré-Reforma, mas que estavam acima de tudo preocupados com a terceira pessoa da Trindade, o Espírito Santo.

A tendência era a de que o indivíduo tentasse se relacionar com o Espírito Santo através de sonhos, visões interiores e revelações pessoais, em antagonismo com o corpo doutrinário oficial da Igreja. Alguns desses movimentos centralizados no Espírito Santo permaneceram e formaram um movimento de esquerda dentro da própria Igreja Católica, enquanto outros fracassaram e seus membros foram condenados e perseguidos. Muitas dessas pessoas demonstravam afinidade por ideias e preocupações alquímicas. Onde os homens da Igreja mantinham interesse pela alquimia, essas pessoas tentaram, de preferência, libertá-la de implicações religiosas e, aos poucos, transformá-la numa ciência puramente natural, no sentido moderno da palavra. Dessa maneira, observa-se, em geral, o que Jung apontava na Introdução de *Psicologia e Alquimia*, a saber, que a alquimia nunca foi hostil às ideias e aos movimentos religiosos predominantes, mas formava, isso sim, uma espécie de tendência subterrânea complementar. Naturalmente, entretanto, alguns alquimistas tinham ideias básicas sobre Deus, o mundo e o Espírito Santo que não se amoldavam a uma visão estritamente dogmática, mas, sendo cientistas e médicos, em geral nem o notavam. Se fossem indagados, teriam dito com sincera convicção que eram islâmicos, ou crentes, ou cristãos; não estavam cientes de que, pela sua complacência para receber o que agora chamaríamos de inspiração direta do inconsciente coletivo, eles se colocavam numa posição perigosa em relação às ideias religiosas que predominavam na época. Em relação a isso, estavam numa situação semelhante à de vários místicos que sentiram que sua experiência interior os aproximava da verdadeira essência do islamismo ou do cristianismo, ao passo que os que conheciam religião apenas pelos livros, e que supunham que aquilo era tudo o que havia, tentavam persegui-los como sectários e hereges.

Na Introdução de *Psicologia e Alquimia*, Jung diz:

> Uma projeção exclusivamente religiosa [isto é, essa tendência que há na doutrina cristã oficial para depreciar qualquer tipo de vida religiosa pessoal interior – deve-se apenas acreditar na figura histórica de Jesus e na tradição dogmática sobre Ele, e não tentar obter orientação a respeito de assuntos religiosos a partir daquilo que os homens da Igreja chamariam de fator puramente subjetivo. Dessa maneira, o cristianismo expressa a verdade da alma, porém numa forma exterior, projetada], pode privar a alma de seus valores, de tal forma que, por pura inanição, ela se

torna incapaz de maior desenvolvimento e fica presa num estado inconsciente. Ao mesmo tempo, torna-se vítima da ilusão de que a causa de todos os desastres vem de fora, e às pessoas não se pergunta mais até que ponto elas mesmas são as causadoras. A alma parece tão insignificante que não se supõe ser ela capaz de produzir nenhum mal, muito menos um bem. Mas se a alma não tem mais nenhum papel a cumprir, a vida religiosa se enrijece nas exterioridades e formalidades. Como quer que visualizemos o relacionamento entre Deus e a alma, uma coisa é certa: não se pode dizer que a alma é "nada mais quê". Ao contrário, ela tem a dignidade de uma entidade dotada de um relacionamento consciente com a Divindade.[1]

Ao falar sobre a importância da alma, Jung usa naturalmente a palavra "alma" no sentido cristão e não estabelece distinção entre a consciêr cia do ego e o inconsciente; aquilo a que naturalmente se refere é a alma que chamaríamos de psique objetiva, as camadas profundas do inconsciente. Jung aborda então outro problema, que é o fato de ter o cristianismo, em determinado estágio de seu desenvolvimento (e que ainda hoje ocorre parcialmente), desencorajado qualquer tipo de vida interior pessoal e qualquer tentativa feita por algumas pessoas de contar com seu

---

[1] C. G. Jung, *Psychology and Alchemy*, Bollingen Series XX, 2ª ed. (Princeton: Princeton University Press, 1968), p. 10.

conhecimento psicológico pessoal interior ou com qualquer outra coisa que sua alma objetiva pudesse lhes dizer. As pessoas eram ensinadas a acreditar apenas no que era prescrito pela Igreja. O outro problema com o qual Jung lida nessa Introdução, e do qual quero apenas lembrá-los, é o problema do mal.

> O cristianismo transformou a antinomia entre o bem e o mal num problema fundamental e, ao formulá-lo de forma dogmática, [por exemplo, ao fixar o que é mal e o que é bem], o transformou em princípio absoluto. Como parte integrante desse conflito ainda não resolvido, o cristão é moldado como um protagonista do bem e como um dos atores no drama do mundo [como também ocorrera no maniqueísmo]. Entendido em seu sentido mais profundo, ser um seguidor de Cristo significa, para a grande maioria da humanidade, sofrer de forma insuportável. Consequentemente, o exemplo de Cristo não é seguido, em absoluto, ou é seguido com reservas, e a Igreja se impõe a obrigação de "aliviar o jugo de Cristo".[2]

Em outras palavras, na vida prática quase ninguém pode viver dentro das exigências éticas do cristianismo. Por meio disso e em razão disso fica implícito o fato de que o cristianismo é uma religião puramente patriarcal. Jung então prossegue destacando

---

[2] *Ibid.*, p. 22.

o fato de que a Trindade é baseada no simbolismo do número três, que é masculino, enquanto a alquimia tende para uma visão quaternária da Divindade, sendo o quatro um número feminino. Ele conclui deste modo a passagem:

> A Trindade é, portanto, uma divindade decididamente masculina, da qual nem a androginia de Cristo nem a posição e a veneração especiais atribuídas à Mãe de Deus são o equivalente real. [Elas constituem uma tênue concessão, por assim dizer, ao lado feminino, mas não um equivalente real.] Com essa afirmação, que pode parecer estranha ao leitor, chegamos a um dos axiomas centrais da alquimia, a saber, o ensinamento de Maria Profetiza: "Um torna-se dois, dois torna-se três, e do terceiro surge o um que é o quarto". Como o leitor já deve ter percebido pelo seu título, este livro preocupa-se com um significado psicológico da alquimia. [...] Até muito recentemente a ciência estava interessada apenas no papel que a alquimia desempenhou na história da química. [...] A importância da alquimia para o desenvolvimento histórico da química é óbvia, mas sua importância cultural é ainda tão pouco conhecida que parece quase impossível dizer em poucas palavras em que consiste essa importância. Nesta introdução, portanto, tentei esboçar os problemas psicológicos e religiosos. [...] O fato é que a alquimia assemelha-se mais a uma corrente subterrânea, enquanto o cristianismo

dominava na superfície. Ela está para essa superfície como o sonho está para a consciência, e assim como o sonho compensa os conflitos da mente consciente, a alquimia empenhava-se em preencher as lacunas deixadas pela tensão dos opostos no cristianismo. Talvez a expressão mais sugestiva desse fato seja exatamente o axioma de Maria Profetiza citado acima. [...] Nesse aforismo, os números ímpares do dogma cristão são intercalados por números pares, que significam o princípio feminino, a terra, os subterrâneos, e o mal propriamente dito. Estes são personificados pela *serpens mercurii*, o dragão que cria e destrói a si mesmo, e que também representa a *prima materia*. [...]

O deslocamento histórico da consciência do mundo em direção ao masculino é compensado pela feminilidade crônica do inconsciente. Em certas religiões pré-cristãs o princípio masculino já havia sido diferenciado na especificação pai-filho [no Egito, por exemplo], uma mudança que viria a ser da maior importância para o cristianismo. Fosse o inconsciente meramente complementar, essa mudança de consciência teria sido acompanhada pela produção de uma mãe e de uma filha, e o material necessário para isso já se encontrava pronto e disponível no mito de Deméter e Perséfone. Mas, como mostra a alquimia, o inconsciente preferiu escolher o tipo Cibele-Átis na forma de *prima materia* e de *filius macrocosmi*, provando assim que ele não é complementar, mas sim compensatório. Isso serve para mostrar que o inconsciente não age simplesmente *em oposição* à mente consciente [o que também significaria que o simbolismo químico é simplesmente oposto ao dogma cristão, contrário à mente consciente], mas a *modifica* mais à maneira de como o faria a um oponente ou a um parceiro. Não é uma imagem complementar de filha que o tipo filho evoca das profundezas do inconsciente "ctônico" – ele evoca outro filho. Esse fato notável pareceria estar ligado à encarnação, na nossa natureza humana terrena, de um Deus puramente espiritual, produzido pelo Espírito Santo ao fecundar o útero da Virgem Santa. Assim, o mais alto, o espiritual, o masculino inclina-se para o mais baixo, o terreno, o feminino; e, consequentemente, a mãe, que era anterior ao mundo do pai, acomoda-se ao princípio masculino e, com a ajuda do espírito humano (a alquimia ou "a filosofia"), gera um filho – não uma antítese de Cristo mas, isto sim, sua contraparte ctônica, não um homem divino, mas um ser fabuloso e em conformidade com a natureza da mãe primordial. E, assim como a tarefa do filho "superior" é a redenção do homem-microcosmo, o filho "inferior" tem a função de um *salvator macrocosmi*.[33]

Li para vocês essa passagem porque ela expõe em palavras claras aquilo que todos os alquimistas sentiam constantemente,

---

[3] *Ibid.*, pp. 22-4.

mas, de algum modo, não ousavam formular para si mesmos. Eles, por assim dizer, viveram esse mito, mas, com pouquíssimas exceções, nunca tornaram suficientemente clara a relação entre o que estavam fazendo e o cristianismo.

Alguém poderia afirmar que nessa corrente subterrânea da alquimia *versus* dogma oficial do cristianismo, reside o início do que agora chamamos de divisão entre religião e ciências naturais. Como uma espécie de lema cultural geral, isso é muito discutido hoje em dia, e em geral resolvido com frases e generalizações estúpidas e bem-intencionadas. Muitos cientistas, por exemplo, desenvolvem seu trabalho prático – estudam genética, ou o que quer que seja – com uma visão puramente materialista – enquanto aos domingos professam ainda uma maneira desajeitada de ser cristãos, mas não gostariam de ter as duas coisas comparadas detalhadamente em sua própria psique. Poder-se-ia dizer, portanto, que esta é uma das grandes divisões da nossa civilização moderna, e que ela produz tensões entre os simbolismos alquímico e cristão. Mas os alquimistas ainda podiam manter juntos os opostos graças ao seu modo de pensar um tanto confuso porque estavam na afortunada posição de projetar sua principal preocupação sobre a matéria, de modo que ela não recaía pessoalmente sobre eles, constituindo-se em algo que ocorria na retorta e não neles mesmos.

O século XVII foi o momento crucial em que a alquimia se rompeu e tornou-se uma ciência natural puramente extrovertida. Ao mesmo tempo, surgiu outro problema, pois na corrente subterrânea da alquimia e na camada do dogma cristão havia duas denominações muito diferentes. Lentamente, nesse mesmo século, formou-se a compreensão de que a alquimia era também um problema religioso e as duas camadas aproximaram-se uma da outra. Onde esse fato foi apenas ignorado e deixado de lado, as pessoas simplesmente continuaram a levar adiante, com coragem, o que chamavam de ciência pura, sem discutirem mais sobre o Espírito Santo ou sobre Deus – isso tudo eram coisas sem sentido, e não tinham nada a ver com a química, que era uma ciência puramente prática. A religião foi guardada na gaveta para os domingos. Outros, ao contrário, enxergavam, ou pelo menos vislumbravam, aquilo que Jung mais tarde redescobriu, a saber, que a alquimia implica muitas experiências que pertencem ao domínio da religião. Para ir ao encontro disso, tais pessoas simplesmente descartaram o que era não dogmático na alquimia e assimilaram-na à visão cristã consciente, transformando a alquimia numa espécie de conto moral alegórico.

A exposição mais clara que existe sobre essas concepções encontra-se nos escritos de Johannes Valentinus Andreae, que provavelmente era um pároco do sul da Alemanha, e que escreveu sob o pseudônimo de Christian Rosencreutz. Ele foi o fundador do movimento rosa-cruz. Do corpo da tradição e do simbolismo alquímico, ele extraiu tudo que não estava em rigoroso contraste com o cristianismo, e a transformou numa espécie de alegoria, doutrina e simbolismo cristãos, moralista e bem-intencionada.

Isso se encontra de maneira ainda mais clara nas tradições dos franco-maçons.

Desse modo, a alquimia destilou-se na consciência cristã dos séculos XVII e XVIII, e perdeu sua base de experiência genuína. Evoluiu para um esteticismo literário e tornou-se basicamente uma espécie de ensinamento moralista, ralo e diluído, que ainda se pode encontrar entre os maçons. Há toda uma tradição da assim chamada literatura alquímica, até mesmo atualmente na Inglaterra, onde há pessoas que ainda são adeptas e devotadas à alquimia, mas que perderam completamente qualquer tipo de relacionamento com a ciência experimental da química e, consequentemente, com todo o drama individual de fazer, de maneira efetiva, experiências com o desconhecido; tornou-se uma imagem especular de certas doutrinas cristãs, apesar de os maçons terem sido, originalmente, contrários à Igreja Católica.

Assim, a tradição da alquimia assimilou-se ao processo da consciência, e perdeu sua genuína independência que, naturalmente, tinha tido sua base nos experimentos com o desconhecido. Menciono isso porque o nosso autor, Dorn, foi justamente uma dessas pessoas; ele também estava à beira dessa situação. Ele foi um dos poucos alquimistas introvertidos do fim do século XVI que compreenderam que o simbolismo e a tradição alquímicos implicavam um problema religioso. Portanto, ao contrário de muitos outros autores, ele "se entendeu" com ela; perguntou a si mesmo se o que estava dizendo não seria pagão ou herético. Fez um valoroso esforço para integrar os ensinamentos de Paracelso com ideias cristãs. Naturalmente, também para ele não se tratava de descartar sua visão de mundo cristã, e assim, tentou adaptá--los a ela. Com efeito levou adiante um problema que Paracelso, o professor a quem tanto admirava, majestosamente ignorara. Paracelso não se preocupava com tais detalhes insignificantes; limitava-se a dizer: "Sou um bom católico", e seguia adiante, alegremente, com o maior paganismo – mas com tal boa-fé e honestidade e élan vital que sempre acabava se saindo bem. Mas Dorn tinha uma natureza mais reflexiva e introvertida, e também era um pensador mais sistemático do que o, obviamente, indômito e intuitivo Paracelso. Dessa forma, ele tornou-se consciente de que todos eles tinham conversado com a substância material na necromancia, na piromancia, na astrologia, e assim por diante – e como poderia isso encaixar-se no dogma cristão?

Vocês verão, portanto, que nos escritos de Dorn há um enorme problema, aquele do três e do quatro a que Jung se refere na sua Introdução. As questões do feminino e do corpo eram enormes problemas para Dorn, e seu plano consciente era, para falar cruamente, o mesmo que castrar a alquimia, como o fizeram mais tarde os franco-maçons e os rosa-cruzes, e torná-la ajustada de maneira artificial em sua visão de mundo. Assim, ele era, de certa forma, um daqueles pecadores. Por outro lado, uma genuína fascinação ainda o movia e, como médico e farmacologista, continuava com seus experimentos; portanto, não teve êxito em simplesmente pensar sobre a tradição alquímica e alicerçá-la num tipo de visão cristã convencional; ele ficou atolado no conflito, que nunca conseguiu resolver embora tivesse tentado todos os caminhos. Vocês verão como ele se debateu com esse conflito, e de que maneira tentou achar uma solução. Além disso, como médico praticante, ele não podia, como fez o pároco Andreae, ignorar por completo o aspecto material do homem, isto é, o corpo e a vida real.

Nenhum clínico geral pode ignorar a importância do corpo ou o efeito da verdadeira química na vida humana; nem pôde ele ignorar todos os seus aspectos desagradáveis e menos elegantes. Mesmo naquela época, tal como ocorre hoje, ele foi envolvido nas intrigas e nas histórias de amor do vilarejo onde clinicava e era obrigado a conhecer o lado escuro da vida se quisesse lidar de maneira adequada com seus pacientes. Além disso, um médico ouve tantas mentiras e é envolvido em tantas coisas que não pode deixar-se levar por ilusões pretensiosas ou benevolentes, como as que, por vezes, os párocos tentam construir (em seu próprio detrimento) sobre a verdadeira natureza do homem.

Assim, Dorn não está cego ao aspecto feminino sombrio e ctônico da alquimia, pois lutou com esse problema durante toda a sua vida, e chegou a certas soluções pessoais que tentou elaborar, mas com uma tendência predominante conscientemente cristã. Vocês não devem, portanto, ficar chocados, embora possam ficar um pouco desapontados, ao notar que o nosso texto contém passagens muito beatas e pias, nas quais ele dá rédeas a algumas pregações domingueiras que não têm muito a ver com o *background* alquímico. Entretanto, se compreenderem isso, verão que ele apenas tentou manter-se fiel às suas concepções conscientes e, em razão disso, envolveu-se numa luta interior.

Tudo o que eu acabei de dizer só teve por objetivo preparar vocês para o texto. Se tiverem isso em mente, verão que há nesse homem um verdadeiro conflito religioso entre o cristianismo, por um lado, e a alquimia, por outro, e que tentou descobrir suas próprias soluções pessoais para resolvê-lo. Já lhes contei que não sabemos praticamente nada, ou conhecemos muito pouco, sobre Dorn. Sabemos que ele foi clínico geral no sul da Alemanha. A maior parte dos seus trabalhos é dedicada a duques e arquiduques – os arquiduques da Áustria, o príncipe de Baden, pessoas assim – e, portanto, ele deve ter sido bastante conhecido. Parece que ele chegou a exercer sua prática até mesmo nas Cortes. Editou 26 tratados de Paracelso em tradução latina e os publicou em 1575, por meio da famosa casa editora de Perna. O próprio Dorn traduziu, do alemão de Paracelso, dez desses tratados entre os anos 1568 e 1570. Dorn adicionou comentários próprios a alguns dos trabalhos de Paracelso. Se vocês lerem a *History of Magic and Experimental Science*, de Lynn Thorndike, obterão mais informações sobre suas prováveis fontes. (Eu não estou muito segura sobre essa passagem no livro de Thorndike; o melhor mesmo seria tentar obter mais informações nos arquivos do sul da Alemanha.)

Para a Igreja, Dorn foi sempre suspeito pois se sabia que ele chegara a mexer com numerologia, geomancia e piromancia, que significa adivinhação por meio do fogo; ou ainda com a hidromancia, que é a adivinhação que se faz olhando para uma tigela com água. Em numerologia, naquele tempo, a ideia era substituir cada uma das letras do nome de uma pessoa por um equivalente numérico; a partir disso, como no horóscopo, o caráter da pessoa podia ser descrito. A geomancia é uma espécie de astrologia projetada sobre a terra, como o nome indica. Não quero entrar nesse assunto; podemos resumir dizendo que, tal como seu mestre Paracelso, Dorn interessava-se pelo ocultismo e por todas as artes ocultas de seu tempo.

Eu gostaria de começar agora a examinar seus escritos. A primeira parte do seu tratado chama-se "A Filosofia Química" e o subtítulo da parte seguinte é "A Filosofia Especulativa". As citações de Jung são geralmente tiradas desta última, pois se trata do trabalho mais interessante. A introdução de Dorn à "A Filosofia Química" é um tanto enfadonha e desinteressante, mas como me impus a tarefa de apresentar-lhes todo o seu trabalho, também farei a vocês um sumário dessa parte. Estou utilizando aqui o assim chamado *Theatrum Chemicum Britannicum* (vol. 1, Estrasburgo, 1679). Há várias outras edições, e eu mesma possuo uma um pouco mais antiga, mas esta é uma das primeiras edições completas. A princípio, tentarei apresentar um sumário, pois o que ele diz a respeito da "Filosofia Química" está envolto num estilo complicado e pomposo. Posteriormente, entraremos em "A Filosofia Especulativa", que é o texto mais interessante. Na página 195 da edição mencionada ele começa por definir o que entende por filosofia química, e diz:

> A filosofia química ensina as formas latentes das coisas de acordo com sua verdade e não de acordo com sua aparência. O acesso a essa filosofia química é duplo, a saber, através da opinião e da experiência. Por meio da opinião forma-se uma ideia do que deve ser investigado e a experiência é a verificação da anterior.

Como podem perceber, a perspectiva é a seguinte: a aparência química das coisas, do vidro por exemplo, não é a sua verdadeira essência. A ideia de Dorn é que por trás dela, ou dentro dela, está, por assim dizer, a verdadeira essência, e é com esta que lida a filosofia química, à qual se tem acesso duplo, formando uma opinião e fazendo experimentos. Poder-se-ia dizer que isso ainda acontece, se nos lembrarmos de que temos a física teórica e a física experimental. Dorn vê essa dupla abordagem em todas as ciências naturais. Por "opinião" ele entende a formação de uma hipótese, como se faz hoje em dia, por exemplo, na física teórica, e a posterior verificação dessa hipótese pela experiência. Aí já nos encontramos nos primórdios da ciência moderna. Dorn prossegue:

> Por meio do estudo [e ele entende por estudo apenas a leitura da literatura alquímica] adquire-se conhecimento;

através do conhecimento, o amor, que cria a devoção; a devoção cria a repetição e fixando-se a repetição cria-se em si mesmo a experiência, a virtude e o poder, por meio dos quais o trabalho miraculoso é realizado; o trabalho na natureza possui essa qualidade.

Há aqui uma estranha mistura de fatores internos e externos. A princípio, com a leitura dos livros, adquire-se o conhecimento alquímico por meio do qual se adquire amor. Mais tarde percebe-se que por essa palavra ele entende uma espécie de fascinação inconsciente. Aqui, amor significa que subitamente se começa a compreender; de alguma forma, fica-se apaixonado pela possibilidade de encontrar a verdade e, por isso, ingressa-se numa atitude de devoção, e se passa a dedicar toda a vida à investigação. Repete-se os experimentos e se adquire – e aqui a coisa fica muito estranha – uma virtude de poder por meio da qual o trabalho milagroso é realizado! Agora o processo se torna algo puramente interior, que é típico do *mixtum compositum* que esses textos sempre são: de repente, ele imagina uma transformação do alquimista nele mesmo, por assim dizer. Qualquer pessoa que tenha estudado alquimia por muitos anos, que tenha seguido as receitas e executado as experiências com amor, repetição e completa devoção muda sua própria personalidade. Ela adquire um poder mágico graças ao qual terá êxito em produzir uma transformação na retorta, a qual, por exemplo, um principiante que misture os mesmos elementos talvez não consiga.

Portanto, vocês percebem que Dorn, de repente, passa para a ideia de que a alquimia é realmente um trabalho que se tem de fazer na própria personalidade, e não apenas algo que se faz misturando coisas na retorta. Também se faz isso porque somente se se transformar a própria personalidade numa outra, magicamente poderosa, é que se poderá transformar os materiais externos.

Isso tem sido, desde há muito tempo, uma tradição na alquimia, e foi trazido para a civilização ocidental por meio dos escritos de Avicena, o famoso filósofo árabe Ibn Sina. Nesses escritos, Ibn Sina confirma que graças ao dom da profecia e a certas técnicas de êxtase adquiridas após longos exercícios de meditação, a alma do homem conquista um pouco da capacidade de Deus, até mesmo para mudar coisas materiais. Vejam: quando Deus disse "faça-se a luz", a luz se fez, mas se um homem disser a mesma coisa nada acontecerá. No entanto, se por meio da meditação religiosa o homem conseguir se aproximar bastante de Deus dentro de si mesmo que ele possa, por assim dizer, utilizar parte do poder por cujo intermédio Deus, apenas desejando ou querendo coisas, pode transformá-las em realidade material, então a sua alma adquire um pouco dessa capacidade. É nessa convicção que se baseia a atividade alquímica e a transformação pela alquimia.

Esse aspecto passou para a alquimia ocidental, e percebe-se que Dorn, um pesquisador estritamente introvertido, apanha esse fio condutor da tradição, que pertence, em geral, à tendência do seu tempo. Ele não é o único a ter tal convicção. O famoso Giordano Bruno também acreditava nisso e esboçou toda uma teoria na qual mostra como um homem podia tornar-se um mago ou um mágico por meio de exercícios internos de meditação. O próprio Giordano Bruno tentou fazer isso meditando sobre certas estruturas de mandala, das quais desenhou um número infinito, recomendando uma delas em especial, feita de metais e de materiais químicos, que deveria ser pendurada na cama sobre a qual se deveria meditar. Se se meditasse durante anos sobre essa mandala quimicamente real, então, como assinalou Bruno, unificar-se-ia a própria personalidade interior e a alma seria poupada de distrações e de dissociações extrovertidas. Se isso fosse feito com a atitude adequada e com certos exercícios que ele chama de contrações (*contractiones*, mas da maneira como ele os descreve poderíamos denominá-los exercícios de introversão), a pessoa tornar-se-ia um poderoso mago, quando então até mesmo materiais exteriores começariam a desempenhar papéis.

Naturalmente, como todos os que acreditam em magia, ele foi encorajado pelo fato de vivenciar efetivos eventos sincronísticos. Vocês sabem que o que agora chamamos de sincronicidade era no passado interpretado como um efeito mágico, e Bruno teve essas experiências e acreditou nessa possibilidade. Vocês poderão encontrar todas essas referências com muito mais detalhes num ótimo livro de Frances A. Yates, chamado *Giordano Bruno and the Hermetic Tradition*,* no qual a autora esboça toda a

---

* *Giordano Bruno e a Tradição Hermética*. São Paulo: Cultrix, 1987 (fora de catálogo).

tradição na Itália na época de Marsilio Ficino e de Giovanni Pico della Mirandola. No entanto, embora ambos se conservassem mais ou menos afastados da magia, sua visão geral não era diferente. Bruno, muito mais um gênio do tipo ingênuo, realmente colocou em prática sua visão. Infelizmente, por causa disso, também atraiu sobre si a perseguição da Igreja.

Naquele tempo, a magia era parcialmente reconhecida pela Igreja, e Campanella, um discípulo dos três acima mencionados, foi até mesmo convocado por um dos papas para executar uma demonstração alquímica e mágica. Descobrira-se que no horóscopo desse papa uma constelação muito desfavorável se aproximava e o papa estava aterrorizado com a ideia de que no dia dessa constelação astrológica ele poderia ser assassinado ou morrer. Assim, Campanella foi chamado para efetuar, numa pequena capela do Vaticano, uma espécie de procedimento mágico ou químico, que consistia na mistura de diversos elementos de influências opostas e que manteria afastadas as influências de Saturno e de Marte e de todas as outras constelações negativas, e assim protegeria o papa, resultando disso que ele sobreviveu àquele dia. Vocês percebem que a Igreja, naquela época, reconhecia em parte essas tendências, e até mesmo as utilizava. Mas ser assim tão ingênuo como Bruno o foi, seguir em frente e defender o sistema heliocêntrico, falar sobre muitos mundos e firmamentos, e daí por diante, era ir um pouco longe demais e meter os pés pelas mãos.

Percebe-se portanto que Dorn, ao acreditar que a obra alquímica devia ser efetuada com certos exercícios introvertidos de meditação, com os quais se tentava influenciar a própria constituição e a própria personalidade, não estava fora de sintonia com a tendência do seu tempo, mas sim de acordo com os expoentes dos movimentos herméticos italianos e do Renascimento em geral.

Dessa maneira, adquiria-se virtude e poder. "Virtude" não deve ser entendida num sentido puramente moral; virtude tinha ainda o matiz da palavra latina *virtus*, que significa "eficiência energética", capacidade de transformar coisas, influência, ou até mesmo maná, tinha ainda um aspecto de maná. Naquela época, a raiz da palavra *vir*, homem, virilidade, ainda estava na consciência.

Então, Dorn continua:

> Os químicos chamam de natureza a ativação do céu com os elementos na geração de todas as coisas.

Agora, vemos de uma forma um pouco mais clara. Ele afirmara, anteriormente, que a química se ocupava com a forma das coisas, e por forma ele entendia algo bem diverso daquilo a que hoje chamamos de forma, a saber, não o formato externo, a aparência, mas a essência oculta, verdadeira, de uma coisa, num sentido mais aristotélico da palavra. Prosseguindo, ele diz:

> Os químicos chamam de natureza a ativação do céu com os elementos na geração de todas as coisas. [A ativação do

céu é o que na próxima sentença ele chamará de forma. Temos agora uma ampliação do que ele entende por forma.] Essa forma, ou melhor, essa essência oculta de um objeto exterior material é o que o firmamento [– e aqui ele se refere concretamente às constelações astrológicas no céu –] constelou dentro do elemento químico, e é o encontro do que se poderia chamar de matéria morta com aquela influência oculta dos elementos e constelações astrológicas que, juntos, produzem as coisas.

Como eu lhes disse da última vez, os alquimistas só podem ser compreendidos por meio de abordagens sinópticas, reunindo--se todas as citações e então aprendendo intuitivamente a direção para onde elas conduzem. Não se deve apenas ler muitos livros de alquimia, e então agrupar as associações, como também deve--se saber que só pode ser lido dessa maneira – sempre tendo em mente o que ele entende por forma, e então procurando verificar onde ele fala novamente sobre ela. Agora, ele a chama de ativação do céu na matéria inferior, e vocês verão como isso funciona. Certas coisas, como a palavra "forma", têm de estar sempre em mente, e vocês devem aguardar que ele a associe com o signifi-cado a que lhe atribui. Dorn prossegue:

> Forma é a ação da região etérea sobre a região dos elemen-tos. Desse modo, a natureza prepara a matéria, para isso incluindo nela a forma, como o esperma na matriz; esta

última produz, em consequência, como um embrião, as diferentes espécies de coisas. A matéria *pode* parir.

Isto é, naturalmente, um leve golpe na ideia de que a matéria é inanimada. Paracelso sustentava que a matéria era uma contraparte viva da divindade criadora. Nisso ele era um dualista, pois não compartilhava da opinião dogmática oficial de que Deus criara a matéria da maneira como diz o Gênesis. Ele acreditava que a matéria era incriada.

Esses filósofos supunham que, no princípio, quando o espírito de Deus pairava sobre a *prima materia* abismal, ela também se achava lá, e portanto, não fora criada. Havia duas coisas no princípio: o espírito masculino do pai e o ser matricial feminino, a matéria caótica, a matéria como um *increatum*, um princípio não criado, mas equivalente desde o início dos tempos. Esta é uma das ideias heréticas de Paracelso que Dorn compartilhou, sem perceber que ele era um herético, e é por isso que ele diz, com certa ênfase, "a matéria pode parir" – mas em seguida ele se corrige:

> Se a forma germinou em sua matriz, todo mundo visível é criado e é dividido em quatro elementos. [Desse modo, como podem ver, no início absoluto da criação da matéria há a divindade espiritual, o criador do mundo visto mais ou menos da maneira cristã que incluía o esperma da forma.] A forma é o esperma da criatividade de Deus na matéria morta do princípio, a matriz, e daí surgiram todas as coisas.

Portanto, a matéria é uma contraparte viva e feminina do criador espiritual, uma divindade, e não algo que Ele produziu e moldou de acordo com Sua vontade. Já se pode perceber aí uma alusão àquilo que Jung apontou na Introdução de *Psicologia e Alquimia*, isto é, o fato de que a alquimia tinha uma abordagem na qual se reconhecia o feminino como um princípio equivalente – e não como algo que fica à margem, um pouco reconhecido, mas lateralmente, e sim como algo que tinha a mesma dignidade que o pai espiritual e deus-criador. Era seu parceiro feminino e, por si mesmo, um princípio vivo. Dorn usava a palavra "matriz", e a atividade do princípio espiritual masculino, que ele chama de "a ação da região etérea sobre a região dos elementos" – essa ação é o que ele entende por forma.

Este é o resumo de seu primeiro capítulo, no qual expõe sua concepção básica sobre a realidade exterior da natureza e suas pressuposições filosóficas na abordagem da obra química. A seguir, ele passa a falar do *opus*, a obra alquímica.

> A obra é realizada por meio de disposição e de "influência" [as aspas são minhas]. A primeira imprime-se nessa natureza e, corrompendo a matéria, a deixa num estado que lhe permite receber forma. A forma propriamente dita consiste na influência da região etérea sobre o mundo dos elementos.

Aí ele se repete, e vocês podem perceber o que ele pensa. Ele acredita (como aconteceu na origem do mundo, tal como é descrita no Gênesis bíblico) que Deus, sendo também uma influência espiritual etérea, semeou o sêmen da forma no princípio vivo da matéria. Desse modo, num trabalho alquímico dever-se--ia repetir isto. Portanto, ele diz que se deve, em primeiro lugar, putrefazer ou corromper a grosseira coisa material. Se você quer, por exemplo, transformar metais, deve inicialmente dissolver o minério de ferro e/ou até mesmo cozê-lo, isto é, destruir seu aspecto exterior grosseiro, de maneira que ele retorne ao seu estado original, no qual possa receber a influência divina que vem das regiões celestes e que· ainda é poderosa. Deve-se, de certa forma, corromper, ou dissolver, um pedaço de metal por exemplo, após o que a constelação astrológica vai influenciá-lo, e então será como uma repetição da cosmogonia, podendo-se novamente levar adiante a transformação.

Tendo abordado esse problema religioso, que se relaciona com o poder de Deus sobre a matéria, Dorn passa a fazer uma incursão pelos seus próprios pontos de vista cristãos. Vejam isso, ele começa com a perspectiva química, a seguir ele a explica, e logo depois diz: "Bem, devo fazer uma confissão de fé", e afirma:

> O mundo inteiro obtém sua forma a partir do sagrado *ternarius*, o número três em sua ordem e medida, pois *um* não é número mas sim a união da paz. O número *dois*, ao contrário, é o primeiro número, que pode ser contado e é

a fonte e a origem da luta e do conflito. Ao aceitar ou tomar uma forma material, o *dois* separa-se da unidade original e só se pode fazê-lo retornar a ela por meio de uma ligação completamente sólida e inquebrável. Como só se pode unir coisas semelhantes com coisas semelhantes, e uma vez que Deus se compraz apenas com números ímpares [vocês percebem aí a predominância masculina; a imagem de Deus apreciando os números ímpares é uma citação de Virgílio], o *um* une, com sua simplicidade, o *dois* em um *três*, e dá a eles uma alma.

Ele quer dizer que existe uma espécie de *um* caótico original que não é nem mesmo um número, mas que é o um e o todo. Dele surge o dois, e este é o conflito. Aqui ele recorre a uma palavra alemã: *Zwietracht*. *Zwietracht* que significa inimizade, tem a palavra dois (*zwei*) dentro dela; mais tarde, ele também introduz a palavra *Zwiefel*, dúvida, pois quando você duvida, você é dois. Portanto, o dois é a origem de todo o mal e é, se se lembrarem da Introdução de Jung à obra *Psicologia e Alquimia*, o estado de conflito no qual o ponto de vista cristão coloca o homem: Deus e o Diabo, espírito e matéria, pai e mãe, e todos os opostos. E agora, dever-se-ia novamente encontrar uma ligação, algo que una os dois que se opõem, de tal forma que eles possam retornar à unidade; portanto, aí está o três. Pode-se dizer que o três consiste naquele que une os opostos, e que o três é, de certa maneira, um retorno à unidade num nível mais elevado.

Agora, a coisa torna-se delicada, pois pode-se perguntar: "Bem, mas isso não é o quatro? Pois, no final das contas, essa unidade-três não é a mesma unidade original, de maneira que temos o um original, o dois, o três, e agora o novo um como o quarto". De acordo com Maria Profetiza: "Um torna-se dois, dois torna-se três e do terceiro surge o um que é o quarto". Mas Dorn simplesmente passa por cima dessa questão e esquiva-se do problema, tomando-o como a unidade, a eterna ligação estabelecida entre os dois opostos, o que é, na verdade, um retorno e uma identificação com o primeiro um. Dessa maneira, Dorn ainda tenta salvar sua visão cristã puramente dogmática.

> De acordo com isso, há também na natureza três reinos: o mundo mineral, o mundo da vegetação e o mundo animal [aqui ele faz uma referência a Marsilio Ficino]; da mesma forma, também no reino dos metais o ouro consiste em três elementos, a saber, enxofre, mercúrio ou prata-viva, e o sol terrestre (refere-se ao ouro). [Então ele prossegue, seguindo em busca do *ternarius*, as três estruturas, ao longo de todo o seu universo.] [...] Assim, também na alquimia temos três etapas, há a cor negra, o *nigredo*; o *albedo*, que é a brancura; e o *rubedo*, que é a vermelhidão; [e então ele quase não consegue ficar afastado do quarto, e diz:] mas o vermelho é imperfeito, pois é uma cor muito extremada, e é por isso que ao ouro é acrescentada a *citrinitas*, a cor amarela, que é um meio-termo entre branco e vermelho.

[Vejam, então, que temos três, mas que há um quarto.] O ouro [diz ele] é um remédio cujo efeito original foi moderado pela arte alquímica, e que pode, portanto, influenciar positivamente todas as outras coisas terrestres e materiais. [Ainda não percebemos onde ele quer chegar, mas vamos em frente por enquanto.] O ouro é uma forma que é separada de seu corpo.

Estamos de volta ao conceito da forma, e agora percebe-se que pela palavra ouro ele não está, na verdade, se referindo ao próprio metal ouro, mas sim àquele algo criativo e divino que está em toda parte na matéria, e que é de Deus, a semente masculina criativa de Deus na matéria, e que está, por assim dizer, espalhada ou disseminada em todas as coisas materiais. Trata-se daquele sêmen, daquele esperma, e que pode ser extraído cozendo-se e destruindo-se a forma exterior da maioria das coisas químicas. É isso o que ele entende por ouro.

O ouro é a forma que foi extraída ou novamente retirada de seu corpo exterior, e é algo tão sutil que exerce um efeito sobre todo e qualquer objeto externo, [poder] que a forma celeste possui graças à sua virtude de unidade. [Agora estamos mais perto do que ele vê.] O ouro é aquela divina semente oculta em todos os materiais, não apenas especificamente nos metais, mas em todos os objetos materiais, e pode ser extraída ou retirada por cocção e, desse modo, como ocorreu originalmente quando Deus criou o mundo e exerceu um efeito criador sobre a matéria, se você extrair ouro dessa maneira, você terá aquela coisa que repete o trabalho criativo de Deus, você terá um pedacinho dessa coisa em suas mãos. [Como lhes disse antes, Giordano Bruno pensava que se poderia adquirir ou roubar um pouco da criatividade de Deus.] Com a criatividade roubada de Deus, pode-se criar e transformar coisas. O ouro possui essa qualidade em razão da virtude de sua unidade. [Ele se refere a uma forma que tem a característica de ser essa coisa única.] Até mesmo as coisas vegetais [isto é, as plantas] podem produzir uma medicina que se pode utilizar dessa maneira [isso significa que, a seu ver, é possível partir de qualquer material externo para produzir aquele ouro místico, que é uma espécie de corpo sutil]. Quero passar agora [diz Dorn] à prática da química, deixar a teoria do oculto e dar uma regra, dar certas instruções de como construir o forno prático no qual as coisas são destiladas. [Esses fornos possuem quatro divisões e são construídos como mandalas. Possuem quatro pavimentos e formam uma espécie de mandala tridimensional.]

Esse forno que ele propõe que se construa é, literalmente, o forno alquímico. Ele o entende de forma inteiramente concreta e fornece certas regras, tais como a maneira de aplicar o fogo e a de construir as retortas de vidro.

Depois de explicar como construir esse dispositivo térmico ou forno alquímico, o qual, não obstante sua aparência, possui, de acordo com o texto, quatro pavimentos, ele prossegue dizendo que o fogo deve queimar lentamente e ser mantido baixo. Muitos alquimistas nem mesmo utilizavam fogo, mas mantinham uma temperatura quente e uniforme em seus dispositivos térmicos usando estrume de cavalo para obter um calor regular.

> O *opus*, a obra [diz ele] consiste em duas etapas básicas: primeiro, ocorre a solução, a dissolução do corpo; e segundo, a coagulação ou condensação do espírito [pela qual podemos adivinhar que ele se refere à abertura do corpo à influência celeste, obtida fundindo-o ou evaporando-o, e destruindo assim aquilo a que chamaríamos de aparência externa grosseira], após a qual o ouro oculto surge, e deve ser coagulado em um novo corpo, e este será o ouro. Como se recordam, o ouro é a forma separada do corpo. Essas três operações simples são como fazer a quintessência do vinho.

Agora ele compara o processo de destruir o aspecto grosseiro exterior e extrair a verdadeira forma com o processo de produzir álcool, o processo de extrair o espírito do suco de uva, obtendo sua quintessência – pois numa forma primitiva de pensar, o álcool contém a essência condensada da natureza do vinho. Assim, diz ele, tal como se pode fazer o vinho a partir do suco de uva, é possível, por uma via semelhante, destilar todos os outros corpos. Desse modo, para ele, todo o processo da alquimia é paralelo ao da preparação do álcool condensado e, como eu lhes disse antes, há nisso certo mérito do ponto de vista farmacológico. Dorn inicialmente teve a ideia de que os remédios seriam muito mais eficazes se fossem destilados em vez de serem aplicados em sua forma bruta. Isto é ainda entendido num sentido absolutamente químico e não apenas psicológico. Somente quando trata do efeito da forma ouro é que ele diz que isso deve ser feito *simbolicamente*. (Tenham isso sempre em mente.)

> Uma vez que essa coisa essencial, mística e eficiente tenha sido extraída da matéria, então outras matérias podem ser magicamente transformadas, pois estas são afetadas por meio de simbolização. [Não especulem sobre o que isso quer dizer, pois não se trata do que se poderia pensar.] Assim, vocês obtêm uma tríplice medicina, que cura todas as coisas externas nos seres humanos. Um indivíduo é, na parte principal de si mesmo, uma mistura perfeita. Se existe uma afecção profunda, isto não é culpa da forma, daquele ouro interior, mas da matéria.

Eis aqui outra associação, a saber, a de que a forma ouro unida com a matéria produz normalmente um indivíduo perfeito constituído por uma mistura equilibrada de todas as entidades;

se há nele uma falha, ela vem por meio da matéria. A maneira como isso ocorre será vista mais tarde.

Chegamos agora à terceira parte de sua primeira filosofia química, em que ele tenta exemplificar a seu próprio modo o que até aqui explicou em linguagem teórica ou filosófica. Utilizando uma espécie de maneira gaguejante de se expressar, os alquimistas estavam tentando explicar algo inexplicável, e para fazê-lo usavam uma comparação – como a que ocorreu a Pauli quando exclamou: "Oh! Então Deus é, afinal de contas, um canhoto", que era uma maneira simbólica ou mitológica de expressar o que significava para ele o princípio da não paridade. Assim, vocês podem ver que até mesmo os físicos modernos utilizam comparações para expressar o que realmente querem dizer.

Da mesma maneira, Dorn expressa agora, por meio de uma comparação, aquilo que entende por corrupção da forma material exterior grosseira e por geração da forma interior espiritual, que é ouro, e diz o que se deve fazer com ele. Começa assim:

> Damos aquilo que é barato e precioso, na proporção de um para seis, ao dragão que leva consigo o bastão de Esculápio; e então o dragão, bastante agitado e nervoso, acalma-se e adormece, após o que duas nascentes, duas fontes de água branca e verde, brotam e jorram sobre ele e o absorvem. Quando então chega o próximo calor de verão, a água que afogou o dragão se evapora, e seu cadáver jaz no fundo do mar. Ao ser atirado no fogo, ele retorna à vida e recupera

suas asas, que aparentemente perdera, e voa para longe. Mas a criança concebida pela absorção da coisa barata e preciosa é deixada para trás no fogo. Como essa criança, esse feto, nasceu no fogo, ela pode ali se alimentar como uma salamandra, até crescer. Então, ela se torna completamente vermelha e da cor do sangue, e tem de ser lavada em água, a qual é mais afortunada do que aquela na qual o dragão foi afogado. Você precisa lavar a mãe, mergulhando-a na água, de forma que os doentes possam ser curados. [Vejam como, de repente, ele passa a falar de pessoas doentes – cujos corpos empalidecem, a alma separando-se do sangue, que é o que acaba ocorrendo com todos os corpos.] Então, se tomamos essa alma, que agora se tornou saudável e, pela simplicidade de seu poder, liberta de todas as suas imperfeições – e apenas os filósofos poderão saber isso – então essa alma é a medicina mais completa e a coisa mais simples. Nada corrupto foi deixado no corpo humano; ela revivifica tudo o que é doente e o deixa em equilíbrio moderado. Ela modera tudo que é sem medida e, por intermédio de sua mais íntima simplicidade, cria paz entre inimigos mortais, e os traz de volta à vida – se Deus o desejar. Ela traz de volta à vida até mesmo corpos mortos, ela traz de volta a saúde aos seus corpos doentes.

Este é um esforço para mostrar o que é a obra, e o que diz: damos alimento barato e precioso ao dragão, ao caducífero [aquele que leva o caduceu, isto é, o bastão de

Hermes ou de Esculápio.] Quimicamente, isso significaria que usamos o ouro místico, a forma ouro, e o mergulhamos no Mercúrio, na proporção de um para seis. Ou seja, repetimos a geração do mundo: a saber, tomamos daquela força mística criativa do Ente Supremo e fazemo-la penetrar, ou confrontamo-la com a realidade material do homem.

Veremos mais tarde que o que se entende por realidade material do homem é, por um lado, nossa própria projeção sobre a realidade (ou o que gostaríamos de considerar como realidade), porém Dorn acredita que ela também tem algo a ver com o corpo humano. O que significa isso? Em nossa linguagem psicológica junguiana, aquilo que ele chama de o poder criativo do Ente Supremo, ou o ouro, seria a emanação ativa, o dinamismo psicológico ativo do arquétipo do *Self*. Inserir isso no corpo da realidade equivaleria, em nossa linguagem, a dizer que deveríamos observar a atividade do *Self* dentro de nós mesmos e tentar torná-lo uma influência sobre a nossa vida real. Por exemplo, se eu sonhar que devo fazer determinada coisa (uma vez que nossa hipótese é a de que o sonho constitui, por assim dizer, uma carta enviada pelo *Self*), isto seria uma atividade proveniente do arquétipo do *Self*, e dar isso para o dragão comer significaria que eu faço esse processo valer para o corpo de minha vida física real, ou seja, para minhas decisões, quer eu faça isso ou aquilo, da manhã à noite. É isso, na realidade, o corpo e minha vida real no ambiente que me cerca, é isso que eu dou de alimento àquilo que se poderia chamar de minha realidade. Então, o dragão que até aqui tinha estado agitado e nervoso acalma-se e vai dormir.

Dorn, como veremos mais tarde, tem a ideia de que nossa natureza simples é dotada de certo tipo de inquietação impulsiva, extrovertida e dissociada. O homem natural sempre traz em si algo do macaco; as pessoas não conseguem nem mesmo se manter sentadas quietamente, mas se retorcem e se coçam. Qualquer pessoa que tenha tentado a meditação oriental sabe como é difícil sentar-se parada por meia hora; quer você se apoie sobre seus calcanhares, quer permaneça na posição de lótus, não conseguirá fazê-lo de início. Nossa vitalidade constantemente nos impele a fazer alguma coisa, e se nós interrompemos essa ação, algo dentro de nós continua a atuar. Tente por exemplo não pensar em nada, mesmo que seja durante meio segundo! Você não consegue! Você pensa: "Puxa, tenho de ir ao açougue etc." É a constante agitação autônoma da vida que levamos, e nossa força de vontade é insuficiente para permitir que uma vida interior simples supere essa vivacidade autônoma. No entanto, com a ajuda do *Self*, isso pode ser feito. É essa a nossa experiência, e é isto o que Dorn pensa; de alguma forma, a experiência do *Self* é expressa como a alma interior da pessoa que é tocada pelo aspecto dinâmico da imagem de Deus. É isso o que aquieta e traz paz a essa espécie de atividade simiesca dissociada do nosso corpo e da nossa mente, e então, das profundezas, surgem subitamente duas fontes de água. Poderíamos dizer que por intermédio da concentração meditativa e da introversão o inconsciente começa a fluir. As nascentes da vida do sonho, da psique objetiva, fluem em contraste com a inquietação saltitante de nossa mente consciente, e essas fontes absorvem o dragão e terminam numa grande enchente em que tudo fica coberto pela água do mar. Na moderna linguagem psicológica, isso corresponderia a estar completamente afogado no inconsciente, a fazer com que a ênfase de toda a vida interior da pessoa esteja voltada para o inconsciente e esteja dentro do inconsciente e de suas produções.

Mas, depois de algum tempo, chega o calor do verão – significando que se você mantiver esse estado por tempo suficiente alguma coisa finalmente mudará. Se você tiver vivido por muito tempo em completa introversão, apenas se concentrando em seu inconsciente, então essa inundação de fantasia inconsciente e de vida onírica começa a diminuir e a enfraquecer, e então, no fundo do mar, você descobre o cadáver do dragão, o qual, ao encontrar o fogo, vive, recupera suas asas e voa para longe novamente. Isto, de certa maneira, é apenas o retorno ao seu modo de vida anterior, e você diria: "Bem, e daí?". Por certo tempo você meditou, concentrou-se e vivenciou o seu inconsciente, e agora retorna ao seu modo de vida anterior – mas isso não é bem verdade. Num certo sentido, é verdade, mas não o é na medida em que temos uma criança, a qual, concebida pela inserção do esperma-ouro, permanece no fundo do mar onde agora o fogo predomina. Embora o dragão fuja novamente, a criança permanece. Isso significaria que graças a essa constante repetição – e aqui eu poderia citar o próprio Dorn – e devotada concentração na vida interior da alma, algo nasce no interior da pessoa, a saber, uma compreensão relativamente constante do *Self*.

Como vocês todos sabem, a experiência de vivenciar o *Self* na fase inicial da análise é, em geral, um momento de rara e feliz exultação. Num certo dia, depois de se ter lutado com as próprias misérias, acontece de se experimentar profunda paz interior, de se sentir que se fez contato com o próprio centro íntimo. Em linguagem chinesa, a pessoa está em Tao e está feliz; a pessoa sente que "agora compreendo o que tudo isso quer dizer e agora eu o possuo" – mas dois minutos depois o diabo vence de novo, e tudo está perdido mais uma vez. Entretanto, a criança estaria representando o fato de que essa experiência interior tornou-se agora uma presença constante dentro da pessoa, apesar de o dragão fugir novamente; ou seja, o homem comum continua seguindo adiante com seus pensamentos e suas ações incoerentes, mas, a despeito disso, há intimamente uma outra entidade no fundo da alma, por assim dizer, que é uma personificação e uma compreensão constante do *Self*.

A criança nasceu no fogo, da concentração de libido no mundo interior e, como uma salamandra, nutriu-se do fogo e quando cresceu ficou vermelha e da cor do sangue. Não quero interpretar isso agora, pois o descobriremos por nós mesmos mais tarde. A experiência interior tornou-se constante e amadurecida interiormente. Agora, novamente temos que fazer a lavagem, mas dessa vez com águas mais afortunadas do que aquelas com as quais a mãe foi lavada. Agora a mãe é realmente o dragão, o que significaria que o dragão seria morto ou afogado pelas águas do inconsciente, embora os produtos das águas, do inconsciente (o que eu interpretaria como o fluxo de vida interior da fantasia), agora não mais matem a criança, mas, pelo contrário, têm um efeito nutriente. Agora, há um salto – a saber, nas pessoas doentes – de modo que estas possam viver.

Vocês não devem se esquecer de que Dorn não estava procurando encontrar essa criança interior, ou a forma ouro, ou entrar em contato com a criatividade de Deus, basicamente para sua própria salvação ou beatitude interior (embora ele também aponte para isso), mas, por ter sido ele um médico apaixonado, estava realmente buscando um meio de curar as pessoas doentes. Portanto, essa segunda inundação está agora liquefeita; é agora sua experiência interior que ele pode oferecer aos outros, sobretudo às pessoas física e mentalmente doentes à sua volta. A seguir, ele descreve de forma dramática como, quando essa água toca outras pessoas doentes, elas empalidecem e suas almas separam-se de seu sangue, mas é a alma que torna tudo saudável. Tendo agora passado por esse trabalho meditativo sobre o dragão (o que seria o estado de inconsciência de um ser humano), tendo passado pela morte e por uma ressurreição interna, o efeito sobre as pessoas doentes que estão em volta é que inicialmente elas são mortas – e é por isso que empalidecem – e suas almas deixam seus corpos. Eis uma elegante maneira de dizer que elas foram assassinadas!

Há, portanto, uma espécie de efeito infeccioso sobre os outros, de modo que eles também são assassinados por essa medicina da alma, mas graças a ela a alma torna-se saudável, e pode, neles também, retornar ao seu estado original. Dessa forma a alma, quando retorna, é como um medicamento que não deixa nada estragado no corpo humano, mas que cura todas as pessoas doentes por meio da moderação ou do equilíbrio. Como muitos clínicos gerais – com muita razão mesmo hoje em dia, e estou plenamente de acordo com eles –, Dorn acreditava que um modo de vida equilibrado era a melhor maneira de se manter fisicamente saudável. Não dormir em excesso, não comer nem muito nem pouco, efetuar a quantidade apropriada de exercícios, e assim por diante. Trata-se de uma banalidade, mas ainda assim é muito verdadeiro, pois quando as pessoas ficam com doenças físicas, a doença em geral foi desenvolvida por se ter vivido anos e anos sem equilíbrio interno, seja por comer demais ou por não praticar exercícios ou por não dormir o suficiente; até que um dia a natureza manda a conta. Dorn, como clínico geral, pensa dessa forma.

Seu medicamento de ouro curaria a alma das pessoas. Poderíamos chamá-la de cura psicológica, obtida entrando-se em contato com o *Self*, ou com o processo de individuação. Mas, ao mesmo tempo, ele mantém o corpo saudável e o cura, pois induz o homem a levar esse moderado modo de vida. Esse medicamento também pacifica inimigos e devolve a vida a pessoas semimortas, e a saúde a corpos mortos. Isso é claro.

Então, ele conclui dizendo: "Essa medicina que agora menciono, essa criança, ou essa forma ouro, é realmente uma ressurreição do Espírito Santo". Agora, ele estabelece aqui a ligação com a visão de mundo cristã.

3ª Palestra

O CORPO COMO PROBLEMA: REDIMINDO A SOMBRA CRISTÃ

Dorn relatou a maneira como

> O dragão foi inicialmente afogado em duas fontes de água branca e verde, mas no calor a água evapora e ele jaz morto no solo. Depois, ele é revivido pelo fogo, recupera suas asas e voa para longe, mas deixa a criança, concebida pela coisa preciosa com a qual ele foi unido nas águas. Assim, a criança vive como uma salamandra no fogo, e mais tarde tem de ser lavada em água ainda melhor.

Depois disso, há um estranho salto no texto, quando os corpos dos doentes se tornam pálidos, e as pessoas morrem, mas são posteriormente revivificadas e ressuscitadas pela medicina.

Se tentássemos traduzir isso para a nossa moderna mitologia, isto é, em termos psicológicos, nós o entenderíamos da seguinte maneira: Dorn diz inicialmente que se oferece ao dragão, na proporção de 1:6, aquilo que é barato e precioso, após o que o agitado dragão adormece. Antes de colocarmos isso em linguagem psicológica moderna, é preciso amplificá-lo a partir de seu contexto no livro de Dorn, onde ele mesmo o amplifica. O agitado dragão, que para Dorn é o corpo, para nós seria, antes, algo como o homem físico, do extrovertido que vive no mundo físico concreto e que só se preocupa com isso. E por aquilo que é barato e precioso ele entende aquilo que chamaríamos de *Self*; naturalmente, ele não conhecia esse conceito, mas queria se referir ao mais íntimo centro divino da psique. Assim, isso significaria que o centro divino da psique colide, ou se reúne, com a agitada personalidade extrovertida, que se concentra em coisas físicas externas, daí resultando que aquela parte da personalidade, isto é, o dragão, afoga-se então no inconsciente.

É exatamente isso o que acontece conosco. Quando as pessoas vêm para a análise, elas geralmente têm uma longa história para contar sobre seus problemas: seu casamento, sua profissão etc. Geralmente, dizem que procuraram a análise por tais e tais razões, e estas são geralmente baseadas na maneira pela qual a consciência vê a situação, e no tipo de cilada em que se acreditam apanhadas. Muito poucas pessoas dizem que têm um problema interno, e mesmo que haja um problema interno, elas preferem descrevê-lo como o "agitado dragão". Quando chegam a entender que a solução deve ser encontrada dentro de sua própria psique, e não no analista ou em alguma coisa externa, a preocupação diminui e o agitado dragão se acalma.

De início, a pessoa aceita a situação tal como a descrevemos, mas então se poderá perguntar: "Temos de ver agora o que a própria psique da pessoa tem a dizer". Com isso, ela é obrigada a parar de se preocupar e diz: "Bem, estou agora frente ao desconhecido, e tenho apenas de esperar". Surgem, então, as águas do inconsciente. Isso seria o fluxo das fantasias inconscientes, durante o dia na forma de fantasias e durante a noite na forma de sonhos, e todo o trabalho concentra-se nisso. Nesse sentido, quem quer que comece uma análise fica afogado, afoga-se dentro de sua própria atividade imaginativa interior. Mesmo conosco, esse processo é conscientemente comprovado quando deixamos de nos preocupar com problemas e soluções exteriores e, por assim dizer, colocamos a coisa toda numa retorta. Naturalmente, após certo tempo, as águas voltam a secar um pouco, o que significa que alguma solução interior foi encontrada. Depois disso, há uma tendência natural para retomar os contatos exteriores e a vida exterior.

A análise é um estado temporário e artificial de completa introversão, que não prossegue indefinidamente. Da mesma forma, as águas secam – por exemplo, diminui o material onírico – e então a libido, até certo ponto, retorna naturalmente ao mundo exterior. A essa altura, o grande perigo é o de que a pessoa volte a agarrar o seu modo de vida anterior, esquecendo tudo sobre o banho quente que experimentou na análise, com tudo voltando a ser como antes. Até certo ponto, esse perigo sempre existe. Mas, como Dorn observou, quando a coisa funciona direito, esse tipo de recaída não acontece: algo de precioso ocorreu em alguma concepção interior, e ele compara isso a uma criança interior. (Em sonhos, como muitos de vocês sabem, essa concepção é frequentemente representada por uma criança, sendo o *Self* representado como uma forma de renovação.)

A unicidade e a totalidade da personalidade existem potencialmente por trás do complexo do ego; é seu pai. Mas, à medida que compreendemos o *Self* graças a um esforço consciente, concentrando-nos em nossos sonhos, ele se torna parte de nossa personalidade consciente; nessa forma, é como uma criança interior que agora, como uma salamandra, alimenta-se no fogo das emoções, e cresce. Isso significaria que a consciência da importância do *Self* e de suas atividades aumenta cada vez mais. Dizer que o *Self* atrai vida do fogo equivaleria a dizer que ele atrai mais e mais libido.

O Dr. Jung frequentemente dizia que uma das coisas importantes a se observar quando se analisa uma pessoa, é descobrir quanto de sua personalidade está escutando. Algumas pessoas cooperam bastante na análise com os seus egos, trazem seu material e fazem bastante esforço. Mas outras partes da personalidade não escutam, e continuam a agir de forma completamente autônoma, como se nunca tivessem ouvido falar de psicologia.

O problema é incluir todas essas partes no processo, e isso pode tomar muito tempo. Pode acontecer que, até mesmo depois de dez anos de concentração no processo, sonhe-se com pessoas que se comportam como se nunca tivessem ouvido falar de psicologia junguiana. Então, se agora vocês se perguntarem onde eu constatei isso, poderão descobrir as coisas mais surpreendentes. Notei, por exemplo, que durante muitos anos tinha tomado minhas decisões sobre problemas de imposto de renda e de dinheiro exclusivamente em termos de bom senso. Nunca me ocorrera incluí-los entre meus problemas interiores. Eu acreditava que esses eram assuntos exteriores que deviam ser resolvidos por uso do senso comum, e com esse preconceito deixei parte de meu relacionamento com a realidade fora da análise. É assim que você pode ser apanhado em preconceitos inconscientes, dizendo que isso não tem nada a ver com o homem interior, que é apenas um problema prático ou lógico, e que para a lógica não se precisa consultar o inconsciente; para isso, usa-se apenas o próprio computador. É assim que vocês pensam.

Mas se essa criança cresce e se torna vermelha e da cor do sangue, isso significaria que a compreensão do *Self* inclui ou abrange mais e mais da vida dessa pessoa, atraindo cada vez mais a libido até que passa a existir uma personalidade interior unificada, que permeia todas as atividades da pessoa consciente. Uma vez atingido esse estágio, deve-se lavar ou adicionar mais água ao conteúdo interior amadurecido, obviamente para prestar ajuda ao que acontece depois, pois então ocorre este estranho pensamento: de repente, a salamandra-criança vermelha começa a curar pessoas doentes, tornando-se uma espécie de remédio de uso geral.

Os alquimistas falam, em outros textos, da etapa em que, depois que se colocou o rei vermelho na retorta, é preciso reabrir a retorta. Ocorre, então, o processo que na alquimia clássica é geralmente chamado de *multiplicatio*, um efeito multiplicador externo.

É possível encarar isso de duas maneiras: pode-se tomá-lo de forma completamente ingênua, como é dito aqui, a saber, admitindo que uma personalidade realmente individuada emana um efeito de sentimento sobre outras pessoas, desencadeando nestas o mesmo processo. Isso poderia ser atribuído ao efeito positivo e contagiante exercido por uma personalidade que se tornou mais consciente do que a média: involuntariamente, isso estimula outras pessoas e, quanto menos deliberado, mais efetivo é. Desta maneira, outras pessoas são introduzidas no processo de cura.

Num nível simbólico mais elevado, isso significaria que – e agora fico embaraçada, porque como sabem, sempre que se quer falar sobre sincronicidade não se tem uma linguagem apropriada; nossa linguagem europeia é toda causal. Eu gostaria de dizer que a eficiência do *Self* aumenta por meio da sincronicidade, mas eficiência é uma palavra causal. Talvez se pudesse dizer que o arquétipo do *Self* atinge um estado mais e mais ativado ou excitado, e, por intermédio disso, cada vez mais efeitos sincronísticos acontecem fora dele e em volta dele, e que se relacionam com ele. Ocorre uma espécie de experiência de unicidade na qual, enquanto viver, a pessoa geralmente se concebe como sendo o cosmos ou a totalidade do mundo exterior. Cito como exemplo um fato concreto: ao observar o Dr. Jung, notei que quanto mais velho ele ficava, mais conseguia as informações de que precisava para lidar com o que quer que estivesse pensando sobre o que quer que estivesse trabalhando; as informações simplesmente "corriam atrás dele". Certa vez, quando estava ocupado com determinado problema, um clínico geral australiano enviou-lhe o material completo de que precisaria, o qual lhe chegou pelo correio no momento exato em que dizia: "Precisaria agora de algumas observações sobre esse tipo de coisa". Foi como se até mesmo o inconsciente coletivo na Austrália estivesse cooperando! Esta é uma experiência de expansão do arquétipo do *Self*, ou talvez não seja nem mesmo uma expansão. Trata-se mais do fato de que nos tornamos mais cientes do quanto somos um dentro do todo da humanidade, e até mesmo da natureza, e começamos a ler tudo como hieróglifos de uma escrita que aponta sempre para um mesmo fator único.

Mas aqui Dorn, sendo médico, está evidentemente mais preocupado como um xamã o estaria com a cura das pessoas doentes. De modo bastante estranho, no entanto, a medicina não cura os doentes logo de início, mas primeiro os mata, para depois curá-los. Isso significa que a consciência superior de uma personalidade tem de início, sobre as outras pessoas, um efeito muito perturbador, ou até mesmo destruidor. Eis por que o público em geral odeia a psicologia, e tenta evitá-la com chavões preconceituosos do tipo "isso é bobagem", pois sentem-se ameaçados. O pensamento oculto, não reconhecido conscientemente, é o de que se alguém penetrar muito na psicologia, terá de abandonar todos os seus atuais *Weltanschauung*, pensamentos e ocupações. Assim, as pessoas sentem-se ameaçadas – o que de fato é verdade, pois se entrarem em contato com a psicologia, toda a estrutura de sua vida prévia entrará em colapso. Desse modo, a medicina possui, quando se apresenta sob essa forma, um efeito primário destrutivo sobre o arcabouço prévio da consciência relativa da personalidade. Todos sabem que deverão inicialmente se afogar e ficar estendidos como cadáveres no fundo daquela água verde e branca, e só então ressuscitar, mas esse efeito prossegue e então os cura. O texto diz: "Ele cria paz entre inimigos mortais e devolve a vida e a saúde ao corpo doente", referindo-se obviamente à união dos opostos, que apazigua os conflitos interiores.

Chegamos então à notável passagem que citei anteriormente, na qual Dorn assinala que não se deve procurar a partir do exterior aquilo de que se necessita, pois o trazemos conosco ou dentro de nós, embora não tenha surgido de nós. Isso significa que se acha em nós mesmos ou, como diríamos, em nosso inconsciente, mas sem advir de nós mesmos; não foi o ego que o fez. Nós o encontramos em nosso inconsciente; nós o encontramos dentro de nós, mas não fomos nós que o fizemos – se pensamos que fomos nós é porque estamos prontos para a Clínica Burghölzli. A seguir, Dorn continua a falar sobre a simplicidade da natureza, mas isso vocês certamente compreenderam sem necessidade de nenhum comentário.

Isto é apenas uma recapitulação da primeira parte, que é a filosofia química; vem então a segunda parte, denominada "A Filosofia Especulativa", ou "Os Sete Graus da Obra". Inicialmente, ele faz uma introdução, que não lerei em detalhes, onde assinala que está falando de alguma coisa física, e de alguma coisa ética e moral, *physica et moralia*. Para evitar a ideia de que possa tratar-se de pura química materialista ou, por exemplo, de um sermão puramente ético, no sentido de deixar de lado a natureza ou o aspecto físico, ele diz:

> Eu não estou lhes ensinando como fazer ouro para obter dinheiro, mas sim como encontrar a mais simples das medicinas, um remédio com o qual poderão curar os metais doentes do corpo com metais metafísicos, e como encontrar uma pedra filosofal física por cujo intermédio os metais metafísicos transformam os metais doentes do corpo em perfeitos *eleuseria metalla*, em perfeitos metais eleuserianos.

Esta é uma expressão de Paracelso, uma palavra composta, na qual ele combina Elêusis (os mistérios de Elêusis) e a ideia de *elysium*, outra palavra que significa paraíso. Com isso, para ele, metais eleuserianos quer dizer metais elísios ou paradisíacos. Se vocês procurarem *Eleuseria metalla* em Paracelso, descobrirão que ele se refere à ideia do retorno das substâncias do corpo ao seu estado original, às formas que tinham na criação. Vejam bem, Deus primeiro criou o cosmos numa forma completa e perfeita, e apenas por uma falha e pecado de Adão, e pela interferência do diabo puderam a doença e a morte entrar no mundo. Desse modo, vocês estão na verdade redimindo o aspecto físico do homem ao fazê-lo retornar ao seu estado original, ao estado físico concreto que ele possuía antes da queda. Esta é a ideia. Então, ele prossegue:

> A filosofia especulativa [o título desta parte] é uma *distrac-tio* voluntária. [Isso não significa distração em nosso sentido da palavra, embora este esteja subentendido; significa na verdade que uma mente bem-formada afasta-se voluntariamente do corpo, de modo a permitir que este último, e não a mente, possa melhor procurar a verdade. A mente já tem a verdade, mas o corpo tem o problema.] O corpo deve, inicialmente, ser bem-constituído, o que se obtém por uma vida de moderação; não comer em demasia, dormir bem, caminhar e assim por diante, e comer bons alimentos; seguindo-se a isso, é preciso, artificial e voluntariamente, separar-se da mente, a *mens*. [Traduzo *mens* por mente, mas ainda não associem nada a esse termo; não se

trata daquilo que vocês pensariam que a mente é.] Após a separação voluntária desses dois, pode-se prosseguir. O corpo deseja aquilo que é corrompido, mas não poderia desejar algo sem a ajuda da alma, pois é a alma que move o corpo.

"Alma" é uma palavra difícil, e não sei como traduzi-la; talvez eu devesse dizer *anima*, mas então vocês poderiam confundi-la com a ideia junguiana de *anima*. Em latim, Dorn utiliza a palavra *anima*, e a trata como feminina, e para o corpo ele usa *corpus*. Há também uma terceira parte no homem, que ele chama de *animus* ou *spiritus*, e esta é a força de vontade para se fazer a coisa certa.

Antes de prosseguir com o texto, eu deveria tentar explicar o que ele quer dizer. Deve-se inicialmente ler o texto inteiro para ver como ele usa essas palavras. Por corpo ele entende ingenuamente o que nós (também ingenuamente) chamaríamos primariamente de corpo, mas vocês verão depois que ele está se referindo à experiência endossomática do corpo. Por exemplo, mais tarde ele apresenta um diálogo, uma discussão entre o *animus* e o corpo, no qual este último dá sua opinião sobre a vida. Vocês devem ter em mente que o corpo que Dorn descreve é o seu próprio corpo; em outra pessoa, ele poderia ser completamente diferente. O "corpo-pessoa" de Dorn é um racionalista puro, que gosta de comer e de beber – um realista completamente sóbrio que diz: "Eu acredito apenas no que posso ver diante dos meus olhos e todo o resto não passa de inútil fantasia idealista". Além disso, ele é um extrovertido entusiasta, que só acredita no que se poderia chamar de fatos externos. Quanto ao próprio Dorn, ele é uma personalidade introvertida pensadora-intuitiva, uma pessoa muito idealista. O que ele chama de corpo, nós chamaríamos hoje de sombra, mas ele projeta a sombra sobre o corpo. Para ele, a sombra mora no corpo e é o corpo. Mas ele pensa nela, naturalmente de maneira ingênua, como sendo realmente seu próprio corpo, e diz que o corpo gostaria, talvez de fazer coisas más, porém não as poderia fazer se não fosse movido — um cadáver não comete pecados. Desse modo, o corpo não pode fazer nada mau ou errado, a não ser animado ou apoiado pela *anima*, e por *anima* ele entende um princípio de vida que anima o corpo.

A *anima*, diz ele, não é boa nem má. É uma coisa neutra, a força ou o impulso da vida. Posteriormente, ele chega mesmo a assinalar que todos os animais têm uma *anima*, de modo que há até mesmo a ideia de que é ela que move a pessoa, em padrões de comportamento, desejos e vontades. O que ele entende por *anima* é passivo e feminino; abrange, por exemplo, as percepções dos sentidos de uma pessoa e as reações da pessoa às percepções dos sentidos. Essa *anima*, uma coisa moralmente neutra, nem boa nem má, está entre o corpo e o *animus*.

O *animus*, para ele, é algo muito próximo do que agora chamaríamos de complexo do ego, mas, tal como ele o descreve, trata-se daquilo que produz um ímpeto; é o centro da força de vontade naquilo que consideramos como o ego, e ele presume que o *animus* é sempre bem-intencionado na vida e em todos os lugares.

Desse modo, agora vocês têm estas três coisas: 1) *animus*, a intenção do ego de uma personalidade, e a vontade; 2) *anima*, que é passiva (ele naturalmente fala apenas de psicologia masculina pois obteve todas essas ideias observando a si mesmo; assim, *anima* é o que movimenta o corpo, é o que tem e o que recebe sensações). Por fim, 3) *corpo*, que já descrevi. Agora, sua ideia inicial era a de que os três se achavam numa espécie de mistura caótica. Todos eles simplesmente vão pela vida afora e algumas vezes é ele (*animus*) que assume o comando, outras vezes é ela (*anima*) que o faz; algumas vezes o *animus* assume o comando e ordena ao homem para fazer alguma coisa, mas o corpo simplesmente não obedece.

Agora vocês precisam apanhar a espada e cortá-los definitivamente em dois. Vocês têm de divorciar esse casal e forçar a *anima* a se tornar uma coisa só com o *animus*, e quando eles tiverem se transformado numa coisa única, tem-se o que Dorn chama de *mens*, mente. É isso o *distractio*, o separar de forma vigorosa. Você isola o corpo, por assim dizer, que deixa de ser vagamente uma parte dos outros dois fenômenos, e você diz à sua *anima* que ela deve fazer uma escolha, que não pode ficar se prostituindo com esses dois, mas que tem de escolher e ficar completamente num dos dois lados. Você a obriga a fazer isso lançando mão de um ato brutal, e isto é o *distractio*. Dorn, às vezes, o chama pelo termo mais usual na alquimia, a *separatio*, a separação, o corte. O corpo tem uma tendência natural para se corromper, e para fazer coisas más, e é por isso que o *animus* possui uma tendência natural para a boa vontade, no sentido ético da palavra, e quer seguir aquilo que nesse ambiente cultural seriam os preceitos religiosos do cristianismo, da maneira como Dorn acreditava neles.

A *anima* fica entre o bem e o mal, ela é exatamente o sopro de vida, e é um veículo, ou órgão, do *animus* ou do espírito, assim como o corpo é o órgão da alma. Ora, se a *anima* começa a se prender mais ao *animus* do que ao corpo, os dois unidos produzem a *mens* ou, como eu a chamei, a mente; e esta é então, literalmente, a palavra utilizada para designar o homem interior. Vocês veem então que não se trata daquilo que chamaríamos de mente. Ele também a chama de *homo interior*, o homem interior. Se você unificar esses dois, surge a *mens*, um novo centro da personalidade, que ele chama de *internus homo*, ou o homem que se volta inteiramente para dentro, ou que está concentrado no seu interior. Se alguém não é bem-sucedido em construir o homem interior, ele permanece um ser humano exteriorizado e um abismo de escuridão. Poderíamos dizer que aquele que não consegue realizar essa *distractio* permanece na inconsciência.

O *animus* se compraz com três coisas [continua o texto]: *ratio*, *intellectus e memoria*. [Não façam aqui suas próprias associações, pois estamos no século XVII.] A *ratio* oferece ao intelecto a imagem de uma especulação que ele entrega à memória, a qual a conserva em seu tesouro secreto. A *ratio* original é o conhecimento da ordem eterna e incorruptível da *mens*, que Deus recebeu como um presente Dele mesmo. O intelecto é o órgão por meio do qual assimilamos a *ratio* que transportamos então para a memória. Há uma espécie de ordem última do cosmos que também está dentro de nós como a ordem última que chamaríamos de si mesmo.* A ordem do cosmos e a ordem do Si Mesmo* são a mesma coisa. Por intermédio da *ratio* obtemos uma imagem especulativa dele.

Traduzido em linguagem psicológica moderna, isso significaria a possibilidade de se atingir uma hipótese criativa examinando a ordem na natureza, seja ela a interna ou a externa. Observamos o estado de ordem que impera na natureza e isto nos fornece de início uma ideia criativa e especulativa a respeito. Então, também se torna claro o que ele chama de *intellectus*, que representa a compreensão e a interpretação dessa hipótese criativa. Pensem, por exemplo, na maneira pela qual um cientista moderno observa a ordem da natureza ou algum fato natural: por meio de sua fantasia criativa, de sua *ratio*, ele obtém uma imagem de como isso poderia ser explicado, após o que seu *intellectus*, seu pensamento, sua capacidade de digerir ou de integrar a hipótese especulativa a armazenaria na memória e a

---

* *Self*, no original. (N. do T.)

assimilaria a outros fatos. Esta é a definição de Dorn. É com isso que o *animus*, o ego consciente, preocupa-se apaixonadamente.

Mais uma vez observa-se que Dorn, ingenuamente, projeta seu próprio tipo pensador-intuitivo. Assim, ele acredita que a consciência, natural e apaixonadamente, e movida apenas por boas intenções, explora a ordem interna e externa das coisas e tenta compreendê-las. Isso é verdade para ele e, com intenção positiva, essa é a sua forma de consciência.

> A *anima* [ele prossegue] consiste nos movimentos do corpo e nas percepções dos sentidos; isso nós temos em comum com os animais. [...] Apenas pouquíssimas pessoas [eu estou pulando um pouco porque ele aqui se torna um tanto prolixo] têm sido capazes de fazer essa união inicial entre *animus* e *anima* e um número ainda menor teve êxito na união seguinte, a saber, com esse [par] *animus-anima*, já unido, ou com essa *mens*, para atender à saúde do corpo. Tais pessoas não reconhecem a boa vontade do *animus* e não encontram a *mens*, a unidade da personalidade consciente, e acabam por enlouquecer. Portanto, primeiro é preciso unir *animus* e *anima*; quando isso for aceito pelo corpo, então de três você poderá fazer uma unidade harmoniosa, mas só se poderá conseguir isso se inicialmente você realizar essa *distractio* ou *separatio*. O um está inicialmente sozinho e se permanecer sozinho não poderá nunca se unir a nada. Mas se estiver unido a alguma coisa, tem-se

inicialmente de separá-lo dessa coisa, pois de outra forma ele não seria um; mas quando as partes da unidade original *symbolizant* (aqui ele usa um verbo latino raro e estranho) a partir do um, então elas podem novamente se unir.

A ideia é que, na verdade, todas essas três coisas encontram-se originariamente numa espécie de unidade inconsciente que precisa ser, de início, cortada em dois, a saber, por intermédio dessa *separatio*. Mas então elas *symbolizant* essas partes – elas têm uma conexão simbólica mas não podem falar diretamente uma à outra. Vocês verão mais tarde o que ele quer dizer com isso. Agora, lerei para vocês uma maravilhosa discussão entre a *mens* e o corpo, na qual este faz um esforço terrivelmente honesto para compreender a *mens* mas não consegue, e a *mens* diz que ele é um tolo, o que não é uma forma de tratamento psicologicamente muito decente para com o corpo. E assim, eles simplesmente se ignoram. Mesmo no final ambos dizem que parecem falar línguas muito diferentes; eles simplesmente não se entendem. Surge então o *symbolizare*: quando se fala línguas tão diferentes, a comunicação só é possível se forem utilizados símbolos. De início, o corpo não consegue compreender os símbolos e pede sempre para parar, para deixar de usar essa forma simbólica de se expressar, e fazê-lo de maneira concreta, pois ele não consegue compreender. Mas depois de certo tempo ele começa a compreender o *symbolizare*, e então eles podem ser reunidos numa nova unidade.

É por isso que inicialmente é necessária a separação ou distração, *distractio*, da *mens* em relação ao corpo, para que a próxima união possa ser obtida. Essa *distractio* é chamada por muitos de uma morte voluntária, que é atingida fazendo-se com que *animus* e *anima* sejam um só, fazendo-os dominar o corpo, que precisa ser forçado a abandonar sua petulância, sua agitação e sua preocupação constante com as coisas mundanas e também sua falta de moderação em seus desejos. Mais tarde, o semelhante se aproximará do semelhante, e será curado pela medicina, e então o corpo concordará em unir-se à festa. [É interessante que o corpo venha então a concordar de forma voluntária; resmungando um pouco, como vocês verão, mas acabando por concordar em participar da festa.] Assim como os animais selvagens se enfurecem se comeram demais, e desenvolvem um tumor canceroso se não purificam seus corpos de todos os humores supérfluos por meio dos excrementos, pela defecação, da mesma forma a medicina filosófica precisa limpar nossos corpos de tudo o que é supérfluo e corrompido, e então ela poderá curar o corpo.

Agora vocês começam a compreender, e mais tarde tudo ficará muito mais claro. De início, a coisa toda não parece muito diferente de qualquer programa ético cristão. Se lerem certos textos medievais sobre a educação espiritual de um monge, os *Exercitia Spiritualia*, verão que certas ordens também possuem regras tais como as que se destinam a superar os desejos do corpo. Dorn realmente refere-se a um exercício ascético, e você sente que se trata da mesma velha história. Mas há uma diferença bastante significativa: nos exercícios de introversão e de meditação dos monges, exercícios esses voltados para a espiritualização cristã, o corpo é definitivamente descartado como algo de mau, e não concorda mais tarde em participar da festa. O monge não tem intenção de deixar que ele o faça; quanto mais cedo ele morrer, melhor, e se morrer de tuberculose num mosteiro aos 30 anos de idade, a possibilidade de ele ser santificado é maior do que se ficar velho e infeliz. São João da Cruz chegou a dizer que quem quer que levasse a imitação de Cristo a sério não deveria viver após os 40 anos, uma vez que o próprio Cristo morreu aos 33. Assim, vocês percebem que a ideia da *distractio*, ou da *separatio*, no programa cristão é completamente válida e definitiva. O corpo é mau e pertence ao diabo, o príncipe deste mundo, e tudo o que você pode fazer é dominá-lo, massacrá-lo, matá-lo de fome e atirá-lo aos cães — o que também significa, é claro, cortar fora a sombra; como viram, o corpo realmente carrega o que hoje chamaríamos de projeção da sombra.

Nisto, vocês percebem, Dorn é muito diferente, pois embora tenha um pouco de preconceito e de hostilidade em relação à sombra e ao que ele chama de corpo do homem terrestre, ele acredita que esse truque educacional de subjugá-lo pelo ascetismo seja apenas uma coisa temporária — para tê-lo nas mãos, por assim dizer – e então ele quer estabelecer uma diferença e trata-se de uma tremenda diferença se vocês compreenderem o que ela significa. Portanto, embora ele atribua uma ênfase um pouco excessiva ao espírito e embora haja uma tendência um pouco moralista em sua consciência, ele é um verdadeiro alquimista. Ele pensa que a redenção da personalidade, como é ainda concebida em termos cristãos, não abrange a pessoa inteira, e que até mesmo o homem terrestre e o homem físico podem tomar parte nessa redenção, e que a totalidade da natureza também pode juntar-se a ela. Não é necessário cortar fora a parte mais baixa da personalidade de uma pessoa, e depois fazer algo maravilhoso com a parte superior remanescente. Ele prossegue:

> Assim, quando o corpo concorda em participar, tudo se agrupa em harmonia e moderação, e há então uma substância etérea, uma substância balsâmica em nosso corpo que também o preserva em forma saudável.

Não há aqui apenas uma questão de espiritualização, e de se jogar fora o homem terrestre. Ele pensa até mesmo que há um efeito curativo somático, e que a transformação interior também se destina a dar à personalidade física uma vida longa e saudável. Aqui ele antecipa o que a nossa medicina psicossomática defende atualmente: a ideia de que a maioria das doenças tem um aspecto somático e um aspecto psíquico, e que, ao se curar o distúrbio psíquico, o aspecto somático da doença pode também melhorar, ou então que é preciso tentar a cura nos dois sentidos. Dorn tem esse mesmo objetivo, e diz que uma vez que teve lugar aquilo a que poderíamos chamar de realização do *Self*, há um efeito preservador da vida e da saúde em nossa efetiva existência física concreta.

Então, ele faz uma ligeira divagação. Diz que certas pessoas afirmam que essa nossa medicina (que chamaríamos de experiência do *Self*) possui um corpo metafísico; mas ele não aceitaria essa hipótese, pois acredita que o nosso corpo real, quando tratado adequadamente pela *mens*, formará a base para a medicina. Aqui ele descarta o que ainda persiste em nossos dias, em certas tradições na Europa, sobre um corpo astral ou sutil, ou alguma coisa parecida. De fato, ele diz: "Não, não, eu não acredito num corpo interior astral ou num corpo sutil. Refiro-me ao corpo real, o que foi purificado ou submeteu-se a tratamento".

Vocês podem perceber aqui, mais uma vez, o quanto ele é um verdadeiro alquimista, pois jamais se permite, lançando mão de algum artifício, afastar-se do fato do corpo real e concreto — do fato de que o objeto do tratamento é o homem real e concreto, tal como ele mesmo o é, com sua sombra, e não que se deve primeiro extirpar o que está perturbando, dizendo: "Oh, tais coisas não deveriam estar aqui", para então tentar alcançar um resultado maravilhoso com o restante.

Isto é algo único na alquimia; difere, por exemplo, de todo o treinamento da meditação budista, pois no Oriente não há tal retorno ao corpo (exceto em certas tradições zen-budistas). Há sempre a ideia de que certas coisas, tais como superficialidade, mundanidade, e assim por diante, têm de ser definitivamente eliminadas, de modo que há sempre uma espécie de programa educacional. Dorn tem um pouco disso, vocês também devem ter um tanto disso, mas ele sempre volta à ideia de que o homem real, tal como ele mesmo o é, é o objeto e até mesmo o veículo da transformação interna. É nisto que Jung e eu concordamos com a alquimia mais do que com qualquer outra tradição: Não comece se entregando a esse pequeno truque de descartar o que você não pode mudar ou transformar para assim obter um maravilhoso resultado idealista que não resiste ao ser submetido ao teste.

Na passagem seguinte, Dorn explica que aquilo a que chama de separação ou distração, *distractio*, é simplesmente uma antecipação artificial daquilo que normalmente acontece na morte, e é por isso que ele também a chama de antecipação voluntária da experiência da morte. Então ele prossegue, dizendo:

> No corpo humano oculta-se uma certa substância metafísica, que é conhecida de pouquíssimas pessoas e que não precisa de nenhuma medicina pois ela mesma é a medicina incorruptível. Os filósofos, por meio de alguma inspiração divina, reconheceram a força e a celeste virtude dessa substância, e aprenderam a libertá-la de seus grilhões, não por intermédio de algum princípio contrário, como o faz a física, mas sim por meio de uma medicina semelhante que há nele mesmo.

Penso que esse trecho está claro. Ele reconhece que a experiência da cura, embora venha de Deus, não está em alguma experiência religiosa exterior ou em algum ensinamento exterior, mas sim numa genuína experiência interior pessoal. Qualquer um pode extrair de si mesmo a experiência da cura. Ele diz até mesmo (e é interessante que o diga depois de ter repetido as afirmações de desprezo pelo corpo que se encontra em qualquer texto da época sobre meditação) que a medicina que cura está no corpo, e não na *anima* nem no *animus*. É justamente naquela parte da personalidade que resiste de maneira mais intensa, e que chamaríamos de sombra, que se encontra a medicina que cura. Ela é incorruptível, e tem de ser reconhecida e extraída ali.

Num introvertido, a extroversão ocorre por meio de uma espécie de projeção ingênua. Ninguém mais do que um introvertido acredita na completa solidez e na realidade única do mundo exterior, pois ele possui uma forte e ingênua extroversão indiferenciada, que é inconsciente e, portanto, primitiva. Ninguém é tão ligado às coisas mundanas quanto ele – muito mais do que o extrovertido – devido à sua extroversão primitiva e inconsciente. Por meio disso ele se divide. Todo introvertido que você encontrar, e que não tenha passado por um longo período de análise, é uma personalidade dividida. (Um extrovertido também o é, mas de outra maneira; estou falando do introvertido pois nosso autor é um deles.)

O introvertido deseja muito ver o lado subjetivo dentro dele, enquanto se tratar de sua introversão, mas quando você se aproxima do seu lado sombra extrovertido, você encontra um homem ingênuo e primitivo, que sempre acredita que a dificuldade está na coisa externa, e em suas próprias projeções.

A ideia agora é que se você pudesse encontrar o fator de projeção que emana do interior dessa personalidade, então haveria a possibilidade de unificação. Eu lhes dei o exemplo de minha própria ingenuidade em pensar durante anos que os problemas de dinheiro nada tinham a ver com psicologia, mas sim que precisavam ser resolvidos por puro senso comum, por meio da realidade externa, uma vez que dinheiro era um problema externo (eu pensava). Entretanto, mesmo tal parte extrovertida primitiva e inferior de uma personalidade introvertida pode ser observada de forma simbólica, tomando-se o que acontece em tal área da vida como um acontecimento simbólico; dessa maneira, ela pode ser trazida para dentro. Assim, para o introvertido é num certo sentido especialmente difícil enxergar através de certas projeções que ele faz sobre o mundo exterior. Somente se ele puder trazê-las para dentro, conseguirá efetivamente atingir o "um" do *Self*, pois seu ego e essa parte de sua personalidade não poderão nunca se unir a não ser pela ativação do *Self*.

Dorn encerra então com uma curta passagem intitulada "Do Estudo Filosófico", em que ele desenvolve um poético e exuberante louvor do objetivo. Diz ele aí que a verdade é a mais alta virtude e uma fortaleza que ninguém consegue derrotar. Tem apenas poucos amigos e é atacada por muitos inimigos, atualmente até mesmo por todo o mundo. Mas é dotada de um grande valor interior. Sua carcaça é a pedra filosofal dos verdadeiros filósofos, o tesouro que não pode ser devorado pela traça nem pela ferrugem, e que existirá na eternidade quando tudo o mais estiver dissolvido. Esse castelo da verdade tem sido erigido para a destruição de muitos e para a salvação de muitos.

Vocês verão mais tarde que, sob o ponto de vista junguiano, a única crítica que se pode fazer a Dorn é que ele não vê o lado escuro do *Self*. Ele vê o ego e a sombra, mas também o *Self* tem um lado escuro. Em outras palavras, a imagem de Deus tem um lado escuro – isto ele não aceitaria, e nisto ele está totalmente de acordo com o ponto de vista cristão: Deus é apenas luz e apenas bondade. Mas se ficarem atentos notarão que, de tempos em tempos, ele deixa escapar coisas como estas:

> Esse castelo da verdade interior destruirá muitas pessoas; é uma coisa barata, muito desprezada e até mesmo odiada. Mas não se deveria odiá-la, e sim amá-la; é o maior tesouro que existe, é amorosa para com todos e hostil para com todos. Você pode encontrá-la em todos os lugares, e praticamente ninguém nunca a encontrou. Transforme-se, diz a sabedoria celeste, de pedras filosóficas mortas em pedras filosóficas vivas, pois sou *eu* a verdadeira medicina e transformo em algo eterno tudo o que não pode existir. Por que está você possuído pela loucura? Através de você mas não a partir de você [ou seja, dentro da personalidade, mas não

a partir do ego] está tudo aquilo de que você necessita e que, erradamente, você procura do lado de fora. Brilha dentro de nós, ainda que tenuemente na escuridão, a vida e a luz do homem, uma luz que não emana de nós [isto é, não do ego], mas que, no entanto, está em nós, e devemos portanto, encontrá-la dentro de nós. Ela pertence a Ele, que a colocou dentro de nós; podemos encontrá-la Nele, em Sua luz. Portanto, a verdade não deve ser procurada em *nós* [ele quer dizer, no ego], mas na imagem de Deus que habita dentro de nós, esta é a única coisa que não tem uma segunda outra coisa. É o Ser e é em si mesmo a totalidade da existência.

Nesse trecho, ele retorna àquilo que Jung critica como tendo sido tão tremendamente rejeitado no ensinamento cristão oficial, a saber, que todo ser humano abriga no mais fundo de sua psique uma centelha divina, uma parte da Divindade, que Jung chama de *Self*. Mas então todos os teólogos pularam para agarrar seu pescoço. Críticos pelo lado teológico, sejam eles rabinos, ministros ou padres, sempre diziam: "Você transforma a religião em algo que é *apenas* psicológico". Mas se temos em nossa psique a imagem de Deus como um centro ativo, então deveríamos glorificar nossa psique como a coisa mais elevada da Terra — não se poderia então dizer "apenas psicologicamente". Se o teólogo diz *apenas* psicológico, ele pressupõe que a psique é *nada-mais-quê*.

Dorn, sendo autêntico, volta àquela imagem interior de Deus dizendo que ela se encontra ali, no cristianismo, mas não é nunca reconhecida. Diz ele: "Admitamos ter a imagem de Deus como uma entidade ativa, como uma essência, em nossa própria psique, então não precisamos ficar correndo a esmo para procurá-la; nós a temos ali mesmo". Ele toma a sério essa imagem. Em grande medida, isso também é verdadeiro para o todo da alquimia, pois o alquimista não segue por outra direção nem se afasta para além do cristianismo, mas, pela primeira vez, realmente toma o cristianismo num sentido prático. Pela primeira vez, os alquimistas tentam realmente acreditar no que tem sido pregado às outras pessoas durante séculos, mas nunca foi acreditado. Dorn leva tais coisas a sério e, a partir daí, chega às suas surpreendentes experiências interiores. Ele prossegue:

> A verdade é uma estrada eterna que Adão perdeu na Queda, e é por isso que ele saiu do Paraíso; é o traje de casamento que Deus devolverá a Adão através de seu filho, Jesus Cristo. A verdade está indissoluvelmente combinada com a piedade e com a justiça, o que ensina a todos como reconhecer ou tornar-se consciente de si mesmo – pois a *mens speculativa*, a mente visionária, é mais elevada que o trabalho científico.

Penso que isso seja compreensível por si mesmo; mas deixem-me penetrar lentamente em sua maneira de pensar. Ele está desfechando um violento ataque à ciência aristotélica – vocês percebem, é a projeção extrovertida sobre o inimigo.

Chegamos agora ao segundo grau de "O Conhecimento Filosófico". Tornar-se consciente, ou adquirir discernimento, é a maneira de resolver opiniões conflitantes por intermédio da verdade. Mais tarde, Dorn também dirá que se trata da resolução da dúvida. Normalmente, todos nós sofremos com isso, e ele, de maneira evidente, também sofria. Nunca acreditamos na mesma coisa durante todo o dia. De modo usual, as pessoas se deixam levar por estados de espírito. Ao ouvir alguém dizer que é tudo bobagem, elas ficam novamente convencidas. Influências externas as fazem mudar repentinamente de opinião; num determinado minuto, acredita-se numa coisa, e já no minuto seguinte duvida-se dela, e assim nunca se possui realmente uma *Weltanschauung*. Como disse um filósofo: "Pela manhã sou sempre um kantiano e ao anoitecer acredito em Nietzsche!"

Para Dorn, a verdade, e também o efeito unificador, é a unidade (nós diríamos que é o *Self*). A ideia é a seguinte: ao se encontrar a verdade interior, essas dúvidas, ou até mesmo outras opiniões, lentamente se dissolvem. É por isso que ele chega a dizer que resolução é a eliminação da dúvida. Ele parece brincar com palavras, mas não é este um jogo de palavras: ele está se referindo à *solutio* no sentido alquímico de dissolver o corpo – a fusão dos metais e o coincidente estado psicológico no qual se apanha todas essas opiniões conflitantes, colocando-as dentro de um cadinho interior, do qual emana a verdade interior individual.

Naturalmente, para chegar a isso temos de começar por nós mesmos, "mas ninguém consegue tomar consciência de si mesmo se não sabe *o que* ele é, e não *quem* ele é". Este é um ensinamento de Dorn que Jung citava com frequência, pois é muito interessante.

Encontramos pessoas – por exemplo, introvertidos –, que não sabem nada a respeito da realidade do inconsciente, mas que são capazes de passar horas e horas com seu ego, pensando sobre seu ego. Às vezes, essas pessoas recorrem à análise com uma tremenda consciência de seu caráter egoico. Elas possuem realmente um conhecimento surpreendente de seu próprio ego. É claro que ninguém o conhece completamente, mas tais pessoas realmente tentaram pensar com honestidade sobre si mesmas. Inclusive nos dias de hoje a maioria das pessoas ainda acredita que se tornar cônscias de si mesmas significa refletir sobre a própria personalidade, simplesmente pensando e se preocupando com a pergunta: "Como é que eu sou?". Eis por que muitas pessoas presumem que a psicologia e a análise são egocêntricas e que não se deveria ficar ruminando sobre tais coisas; dever-se-ia, isso sim, ajudar a humanidade faminta. Mas não é isso o que fazemos! Seria completamente estéril; para mim, isso é como o cachorro que tenta agarrar o próprio rabo.

O verdadeiro conhecimento de si mesmo é o conhecimento da psique objetiva, tal como ela se manifesta nos sonhos e nas manifestações do inconsciente. Por exemplo, apenas examinando seus sonhos pode-se saber quem uma pessoa é de verdade; *eles* nos dizem quem somos realmente, isto é algo que está objetivamente presente lá. Meditar sobre isso é um esforço em busca do auto-conhecimento, pois trata-se de algo científico e objetivo, que não está voltado para o interesse do ego, mas sim para o interesse do "o que é que eu sou" objetivamente falando. É o conhecimento do *Self*, da personalidade objetiva e mais ampla.

Dorn percebeu a mesma coisa, isto é, que conhecer a si mesmo não é saber *quem* a pessoa é – "Quem sou eu? Sou o Dr. Fulano de Tal. Qualquer um pode ver isso" –, mas sim saber o que ela é (*quid* significa "o que"), e, por intermédio disso, perceber algo objetivo, algo que não é idêntico ao ego subjetivo.

Dorn prossegue, amplificando mais claramente essa ideia ao dizer "do que uma pessoa depende e a quem ela pertence e para que fim ela foi criada". Dessa maneira, o verdadeiro autoconhecimento está em saber do que se depende – o ego depende constantemente do inconsciente. Dependemos do inconsciente a cada segundo em que estamos funcionando. A quem se pertence significa saber onde está a obrigação da personalidade do ego. Para que finalidade se foi criado: trata-se de tentar encontrar o significado da própria vida de segundo a segundo. O significado, diz ele, a finalidade ou o significado de nossa vida é a imortalidade – o estado mental em que constantemente usufruímos a presença de Deus. Ele continua:

> Todos deveriam considerar com cuidado, dentro de si mesmos, o que eu disse anteriormente, e deveriam prová-lo repetidas vezes, assim como bebê-lo repetidas vezes, e

deveriam prosseguir nesse ciclo com uma mente honesta. Então, lentamente, surgirão algumas centelhas. Dia após dia, elas surgirão vivas e ardentes na frente dos seus olhos mentais interiores, e aos poucos essas centelhas se aglutinarão irradiando uma luminosidade tal que, com o tempo, sempre se conseguirá saber do que se precisa e, dessa forma, se permanecerá ligado apenas àquela verdade interior por cujo intermédio se adquire grande tranquilidade e grande quietude mental.

Não podemos abordar essa experiência interior diretamente, em linha reta. Mas, se meditarmos sobre os fatos aqui apresentados por Dorn, então teremos sempre uma centelha – pode-se chamá-la de reação "Aha" – e essas muitíssimas centelhas de luz, de reações "Aha", transformar-se-ão lentamente em algo mais contínuo e se consolidarão naquilo que se poderia chamar, em linguagem moderna, de consciência constante do *Self*. Isso descreve de maneira exata o que estamos tentando fazer. Todo sonho, se ele é realmente compreendido, não apenas com o intelecto mas também emocionalmente, provoca na pessoa um "estalo" do tipo efeito "Aha". Se você não experimentou esse efeito, você ainda não compreendeu o sonho; ou, então, ele não foi ainda formulado de uma maneira que você possa apreender. Todo sonho compreendido é como um pequeno choque elétrico na consciência superior; normalmente, tem-se este sentimento: "Oh, agora eu compreendo", e isso possui um efeito vivificante.

Um sonho que se tem à noite é sempre uma carta expedida pelo mesmo centro interior, o *Self*. Todo sonho é isso, e o redator da carta é sempre o mesmo, o *Self*, ou a coisa única, o *quid*. Portanto, se você prosseguir por longo tempo tendo essas reações "Aha", você aos poucos ficará ciente da natureza desse escritor de cartas noturnas, ou constantemente cônscio da presença e da realidade do *Self*. Isso dá ao ego certa paz de espírito. Por exemplo, se você se envolver em alguma confusão exterior, pode se preocupar até certo ponto, mas então você reconhece que deve esperar para ver o que o inconsciente, ou o *Self*, vai dizer. Assim você terá uma segunda fonte de informações. Não será mais necessário seguir sempre a sua própria voz, e isso dá ao ego uma atitude paciente e certa continuidade, pois ele espera para ouvir a fonte interior de informações por meio da qual ele lidará com a situação impossível, em vez de sair por aí roendo tudo como um rato assustado e pensando – como disse Jung certa vez – "que ele tem de colocar a carroça diante dos bois". Desse modo, a conexão com o *Self* produz certa quietude e constância na personalidade.

"Aprende, portanto, fora de ti mesmo", prossegue ele, "o que quer que esteja entre o céu e a terra, de maneira que possas então entender tudo." Isto é o que chamaríamos de arquétipo do *Self*, e o que ele chamaria de imagem divina dentro do inconsciente; que se aloja na psique ou no corpo, e que é também um microcosmo. Você também pode aprender sobre todas as coisas externas simplesmente considerando o microcosmo que há dentro de você.

> Perceba, portanto, que você adquire justamente aquela qualidade que deseja para o seu trabalho. [Ele se refere ao trabalho alquímico.] Se você estiver ávido por dinheiro, desejará que seu trabalho alquímico produza ouro para enriquecê-lo, e seu trabalho procederá de acordo com esse desejo. Portanto, antes de começar a trabalhar com substâncias químicas você deve primeiro obter a adequada qualidade interior, pois então trabalhará com ela e o resultado estará de acordo com o que você é. Cada parte do trabalho que você realizar corresponderá às suas próprias qualidades. Você está em todas as coisas que faz, e essas coisas não dependem do que você faz concretamente. Você está nessas coisas.

Isso se assemelha muito à sabedoria oriental, quando esta afirma que o remédio certo nas mãos do homem errado produz um efeito errado, enquanto o remédio errado nas mãos do homem certo produz o efeito certo. Não se trata do *que* você faz, é *quem* faz o trabalho o que determina o que sucederá.

Dorn desenvolve então uma lenta e convencional digressão sobre como Deus criou o mundo e como criou Adão no Paraíso e Eva de sua costela. Ele percebe que da caótica unidade da personalidade surgem dois, e que mais tarde esses dois têm de ser reunificados. Adão era uma *massa confusa* andrógina, mas a costela foi tirada de seu corpo para fazer Eva, e então eles se reuniram e formaram um par e criaram a humanidade. Para Dorn, a história da criação de Adão e Eva é uma comparação com o que tenta explicar aqui, pois o trabalho alquímico é uma imitação da criação do homem, que também começou com a separação do macho e da fêmea.

O capítulo seguinte intitula-se "Conversação por cujo intermédio o *Animus* tenta atrair para si o Corpo e a Alma". Eu lhes disse no início que Dorn tinha escrito certos diálogos dramáticos que estão muito próximos daquilo a que chamaríamos de imaginação ativa. Não se trata, no entanto, exatamente da mesma coisa pois ele o escreveu sobretudo de sua atividade consciente, e, como vocês verão, há neles alguma propaganda de suas teorias. Ele não as deixou fluir livremente, como fazemos na imaginação ativa, mas graças a Deus há nessa conversa uma pessoa, a saber, o Corpo, que obviamente dá respostas absolutamente genuínas.

Embora Dorn pretenda apenas criar um diálogo de "propaganda" filosófica, o inconsciente atua nele, de tempos em tempos, de forma genuína, e da maneira mais divertida, a ponto de, algumas vezes, a *mens*, que se supõe conhecer tudo, ficar completamente descontrolada e não saber mais o que está errado. Desse modo, a conversa transforma-se ocasionalmente no que chamaríamos de verdadeira imaginação ativa, embora vocês devam perdoá-lo, às vezes, por fazer apenas propaganda de suas teorias e pelas ocasiões em que sua consciência se torna exageradamente ativa.

Os protagonistas dessa conversa são S, o *Spiritus*; A, a *Anima*; C, o Corpo; e F, o Amor Filosófico. O Amor Filosófico aparece apenas no fim; no início, há apenas aquelas três pessoas. (A propósito, *Spiritus* é o mesmo que *Animus*. Dorn não é muito sistemático, pois, de repente, ele diz S – *Spiritus*, em vez de A – *Animus*. Faz isso porque, de outra forma, teria duas vezes A – para *Animus* e para *Anima*.)

> *Spiritus:* Pois bem, minha Alma e meu Corpo, levantem-se e vamos seguir o seu *Animus*. Ele agora deseja ir a este lugar elevado, oposto a nós, nesta montanha. De seu cume lhes mostrarei um duplo caminho, uma bifurcação de um caminho sobre o qual Pitágoras já tivera uma pálida ideia; nós, porém, cujos olhos foram abertos [por "nós" ele entende a tradição cristã] e para quem o sol da piedade e da justiça mostra a via, não erraremos ao procurar o caminho da verdade. Agora, voltem os seus olhos para o lado direito, de modo que não possam ver as futilidades e as superficialidades na estrada da esquerda, mas olhem, isto sim, para a sabedoria. Estão vendo aquele belo castelo lá em cima?
>
> *Anima e Corpo:* Sim.

Spiritus: Nele mora o Amor Filosófico, do qual jorra a fonte de água viva. Aquele que tiver tomado um golinho dessa água nunca mais terá sede neste mundo estúpido. Partindo desse lugar agradável, devemos então seguir diretamente para outro lugar, ainda mais belo, que é a morada da Sabedoria; e também ali encontrarão uma fonte de águas que lhes dará bênçãos ainda maiores, pois até mesmo inimigos, ao beber dela, serão forçados a fazer a paz. Existem ali pessoas que tentam até mesmo subir ainda mais alto, mas nem sempre são bem-sucedidas. Mais ao norte, há um lugar em que as pessoas mortais não podem entrar a não ser que tenham previamente atingido um estado divino imortal, mas antes que possam realmente lá reentrar, terão de morrer e jogar fora suas vidas terrenas. Quem quer que tenha alcançado esse castelo não tem mais razão para temer a morte. Além desses três lugares, existe ainda um quarto lugar, que está além de qualquer coisa que as pessoas possam imaginar. O primeiro lugar poderia ser chamado de castelo de cristal, mas o quarto é invisível e você não será nem mesmo capaz de vê-lo antes de ter alcançado o terceiro. É o lugar dourado da bem-aventurança eterna. Olhem agora para o lado esquerdo, lá vocês veem o mundo cheio de seus desejos e riquezas, e de tudo o que agrada aos olhos mortais. Mas olhem para o fim desse caminho, há um vale escuro cheio de névoa que se estende até o fim do horizonte – é o Inferno [naturalmente do ponto de vista cristão].

Anima e Corpo: Sim, nós o vemos.

Spiritus: Seguiremos agora por esse caminho largo [ele refere-se ao caminho da esquerda, o caminho do Inferno] e nele qualquer conforto transforma-se em tortura sem fim. Ouvem como as pessoas gemem e estão desesperadas?

Anima e Corpo: Sim, ouvimos, mas por que as pessoas não retornam daqui?

Spiritus: Elas não podem ver o fim disso, e é justamente por essa razão que prosseguem, e em geral já deixaram para trás o lugar do arrependimento; portanto, não há mais como retornar.

Anima e Corpo: Há também outros caminhos onde se pode estar em perigo.

Spiritus: Sim, há dois caminhos laterais que também se bifurcam adiante de nós e sobre os quais lhes falarei mais tarde. Agora, estamos seguindo para aquele lugar à frente, a saber, para aquelas duas estradas, os caminhos do Céu e do Inferno, após os quais há mais dois caminhos, que são os caminhos da pobreza e da doença, e estão entre o Céu e o Inferno. Eles não conduzem ao Céu nem ao Inferno e muitas pessoas seguem por eles, e então, depois de algum tempo, a doença e a pobreza os ensinam a retomar o caminho certo, ou então podem forçá-los a seguir o caminho para o Inferno; desse modo, eles ficam num estado intermediário entre o tentar sempre e o ser infeliz, no qual nunca se sabe onde se vai terminar. A estrada larga para a esquerda é o caminho do erro e os outros dois caminhos são o da doença e o da pobreza, e o caminho em que estamos agora, se nos dirigirmos para o outro lado, é o caminho da verdade, e nas entradas para esse caminho encontra-se o anjo do Senhor, que é também chamado de o *Tractus* do Divino. [*Tractus* significa para ele uma espécie de atração amorosa; diríamos uma fascinação inconsciente.] Nesse lugar, e até mesmo no primeiro caminho, esse *tractus* atrai a todos, mas há aqueles que resistem a ele e não seguem por esse caminho, pois desejam ceder aos seus desejos e impulsos momentâneos. Estes sucumbem a doenças físicas, mas ainda assim há uns poucos que, através de uma doença física, percebem seu erro e então retomam ao caminho da verdade.

Como podem ver, a maneira como ele compreende é muito parecida com a nossa própria forma de compreender: isto é, que também psicologicamente alguma coisa andou mal. Portanto, ele faz a mesma pergunta: se há uma doença física, então alguma coisa no equilíbrio psíquico não está bem, e se a pessoa enxergar isso, é possível retornar. Mas há pessoas, diz ele, que não fazem essa pergunta, e também há outras que simplesmente seguem em frente na trilha da doença até finalmente caírem no Inferno.

Anima e Corpo: Vemos que alguns seguem o caminho de volta, mas apenas muito poucos.

Spiritus: Isso é culpa do Corpo; é o Corpo que os impede.

Corpo: Oh não! Eu preferiria morrer cem vezes do que ir até o final da estrada da esquerda, que vai para o Inferno.

Spiritus: Você fala assim porque eu a mostrei a você, mas vamos esperar e ver se você ainda se lembrará disso mais tarde.

Corpo (muito sério): Para onde quer que você vá, eu sempre o seguirei imediatamente, mas antes de prosseguir, por favor, me diga: Por que não escolhemos aquele outro caminho?

Spiritus: Existem pessoas para as quais esse *tractus* — essa atração — da imagem de Deus foi dado previamente, de modo que elas podem sentir sua presença com tanta ostensividade que não se extraviam. [Esta é uma resposta bastante vaga.]

Corpo: Não são todos atraídos?

Spiritus: Oh, sim, todos são atraídos!

Corpo: Mas então por que eles seguem o caminho errado?

Spiritus: Quando chegam aqui, na bifurcação, eles olham para a esquerda, para todos aqueles prazeres do mundo, muito mais do que para a água da vida, no lado direito, e do que para esta linda montanha.

Corpo: Qual é o nome da montanha e do rio?

Spiritus: Ambos são chamados de a primeira atração do Senhor.

Corpo: E há outras atrações além das que mencionou? [Ele está bastante interessado.]

Spiritus: Há muitas outras entre ambos, que as pessoas podem sentir em sua consciência, se não as ignorarem.

Corpo: Por que você se demora aqui?

Spiritus: Para olhar este rio divino! Você já viu alguma vez uma tão maravilhosa profusão de água?

4ª Palestra

A *MENS* E O CORPO NO CASTELO DO AMOR FILOSÓFICO

Na palestra anterior, iniciei a leitura da discussão, em "imaginação ativa", entre *spiritus* e *anima*, que mais tarde deverão tornar-se uma coisa só, e o corpo. Gostaria apenas de recapitular o que significam os três: *spiritus/animus* (que não é o *animus* junguiano), *anima* (aqui com o sentido daquilo que revivifica o corpo), e o corpo/*corpus* Eles ainda são três, e quando *anima* e *animus* se unirem, tornar-se-ão aquilo que Dorn chama de *mens*. Mas por enquanto, a *anima* ainda está um pouco dividida e não sabe exatamente para que lado seguir, se o do *animus* ou o do *corpus*. A verdadeira tensão se dá entre *animus* e corpo, há entre eles um problema real. Nós interrompemos a leitura mais ou menos no meio da conversa, quando o *spiritus/animus* falava:

Spiritus: Você viu como bebemos da fonte do amor, da nascente do amor que fica no fundo da montanha da atração do Senhor?

Corpo: Você bebeu?

Spiritus: Bem, aí você demonstra o quanto é cego!

Corpo: Bem, por que não me disse para beber um pouco também?

Spiritus: Porque você não pode fazer isso antes de estar unido a nós.

Corpo: E quando isso acontecerá?

Spiritus: Quando você e nós nos tornarmos um. Mas primeiro *nós* temos que nos tornar um, e então você também poderá se tornar um conosco.

Corpo: E quando isso acontecerá?

Spiritus: Quando tivermos chegado ao castelo de diamante.

Corpo: Então vamos nos apressar, pois também quero ver aquilo que você vê. Agora chegamos ao primeiro castelo. Vou bater à porta. Mas, por que não há portas? [Ele não vê a porta.]

Spiritus (dirigindo-se ao castelo): Bem, nós, uns poucos estrangeiros, chegamos e queremos pedir sua permissão para entrar: por favor, abra.

Amor Filosófico [o que esta palavra realmente significa é o amor pela verdadeira filosofia, que é a alquimia] (responde de dentro): É tão raro alguém vir até aqui. Quem são vocês?

Spiritus: Três discípulos da filosofia. [Filosofia é simplesmente a alquimia nesta linha de pensamento.]

Amor Filosófico: O que vocês estão procurando?

Spiritus: Queremos aprender a filosofia.

Amor Filosófico: Por que vocês querem aprender mais uma vez aquilo que já aprenderam?

Spiritus: Oh, tivemos apenas alimentos de má qualidade e agora queremos melhor alimento. Queremos... [Isto prossegue por certo tempo, e eles falam sobre o alimento espiritual que desejam.]

Amor Filosófico: Bem, vejo que vocês foram treinados até certo ponto, e de qualquer forma nunca mandamos embora quem nos procura, e assim, entrem por favor, mas antes de passarem pela porta tirem seus chifres.

Spiritus: Está bem, assim faremos.

Amor Filosófico: Além disso, sempre examinamos nossos novos discípulos.

Spiritus: Está bem, eu concordo.

Amor Filosófico: O que é filosofia?

Spiritus: O amor da sabedoria.

Amor Filosófico: O que é sabedoria?

Spiritus: A maior entre todas as sabedorias, a verdade.

Amor Filosófico: O que é o amor?

Spiritus: É o desejo constante de apreender a verdade que certa vez se teve entre as mãos.

Amor Filosófico: Onde você aprendeu isso?

Spiritus: Pela atração do Senhor.

Amor Filosófico: Quem a transmitiu a você?

Spiritus: Aqueles a quem ele primeiro ensinou, e que depois ensinaram aos outros.

Amor Filosófico: Mas por que você não ouviu sobre isso nas universidades?

Spiritus: Oh, ali escutamos apenas sobre a filosofia de Aristóteles e outras bobagens similares. [Vem a seguir uma longa polêmica contra a filosofia escolástica aristotélica.]

Amor Filosófico: Bem, antes de entrar vocês devem assinar o livro de hóspedes: Qual é o seu nome?

Spiritus: Chamo-me *Spiritus*, ou *Animus*, esta é *Anima*, e este aqui é *Corpus*.

Amor Filosófico: Oh, vocês são muitos próximos.

Spiritus: Oh, sim. Somos três irmãos.

Amor Filosófico: Bem, precisamos inicialmente invocar a Luz, e vocês também devem falar.

[Então o Amor Filosófico dirige uma prece ao Senhor, longa e um tanto retórica, pedindo para que os três sejam iluminados e recebam a luz da Sua graça, que lhes permitirá ver a verdade.]

Amor Filosófico: Entrem. Vocês estão agora passando pela porta do Amor Filosófico e aprenderão na escola do amor eterno. Vamos primeiro a uma refeição, mas antes de iniciá-la façamos novamente uma oração. [Ele faz então uma nova prece ao Senhor, pedindo-lhe que abençoe a refeição que comerão juntos.]

Amor Filosófico: Bem, Corpo, você agora pode ter uma refeição para si mesmo, e comer e beber de tudo o que está aqui, os outros eu levarei comigo e lhes darei outro tipo de alimento. [E então, dirigindo-se a *Spiritus* e *Anima*, ele diz]: O Senhor os introduzirá agora no estudo filosófico, mas vocês não serão capazes de entender tudo o que lhes direi, pois ainda estão preocupados com o fardo do corpo. Assim, no momento, antes de vocês se dirigirem ao poço original, ou fonte do amor, é melhor que eu lhes repita tudo o que é importante. [Ele então lhes dá uma orientação longa e geral sobre todo o problema e, como se trata de uma parte que o Dr. Jung citava com muita frequência, acredito que lhes seja familiar.]

Amor Filosófico: Antes da queda de Adão, havia apenas esse caminho da esquerda, e o vale de misérias que vocês viram do outro lado não existia. Por todos os lugares espalhava-se a terra abençoada, mas após a desobediência do primeiro homem, Deus reduziu esse largo caminho abençoado a outro, muito estreito, em cuja entrada fica o querubim com uma espada na mão, para impedir que alguém retorne à sua casa. [Esta é a famosa história da expulsão do Paraíso.] Assim, o filho de Adão dirigiu-se para a estrada da esquerda e deixou aquela que o Pai havia construído, e construiu outra larga estrada que, como vocês sabem, termina no Inferno. Mas, no fim desse outro caminho, tocado por amor e piedade, e também defrontando a acusação de justiça, Ele decidiu tirar do anjo a espada de sua ira e substituí-la por um anzol de pesca de três pontas, e a espada Ele a pendurou na árvore. Desse modo, a ira de Deus transformou-se em amor sem realmente ferir a justiça.

Mas antes que isso acontecesse, esse vasto rio não era um rio (como sabem, o amor pela filosofia não existia), nem mesmo uma cachoeira, tal como é agora, mas cobria toda a terra como orvalho espalhado por toda a parte. Mas, depois da queda, ele retornou para o local de onde veio e se transformou neste pequeno rio. Agora, entretanto, a paz e a justiça abraçaram-se finalmente no alto desta montanha, e a água da graça voltou a cair e novamente tocou o mundo. Mas aqueles que seguem pela esquerda enxergam apenas a espada que está suspensa na árvore. Mas eles conhecem a sua história, e por estarem arraigados ao mundo simplesmente passam por ela. Outros não querem vê-la, pois nada sabem sobre o seu efeito, enquanto alguns nem mesmo a veem, ou fingem que não a veem, e todos esses descem para o vale e se perdem, a menos que o anzol de pesca os agarre por trás e eles se tornem novamente razoáveis e arrependidos, e sejam parcialmente puxados para trás. Mas em nossa era, que é a idade da graça, a espada transformou-se em Cristo, que por nossos pecados subiu na árvore da cruz. Esta é a lei natural e a graça divina, mas estudemos agora a natureza do caminho errado.

De acordo com Jung, tal como ele escreve em *Resposta a Jó*, o grande problema é que no ensinamento cristão tudo o que é errado vem do homem e tudo o que é positivo vem de Deus, e o fato de que o próprio Deus criou, no Paraíso, a serpente que seduziu o homem é varrido para debaixo do tapete. Que Deus deveria olhar para Sua própria sombra e assumir Ele mesmo a culpa, em vez de acusar o homem, nunca ocorreu aos professores da religião cristã. Jung compara esse fato a um químico, por exemplo, que cultiva uma cultura de bactérias, mas que se estas não se comportarem como ele espera, fica zangado com elas. O homem, no final das contas, é apenas uma pobre e inconsciente criatura da natureza e como pode alguém fazê-lo carregar o fardo de todo o mal que há no mundo? Naturalmente, também recebemos esse ensinamento, com exceção de uma pequena mudança de direção, no fim do Velho Testamento, quando Deus se volta para dentro. Por uma vez Ele teve um momento de autorreflexão e tomou-se de piedade pelo homem. Até então, Ele tinha apenas afogado as pessoas em Sua ira, quando estas não faziam o que Ele queria, mas agora Ele também encarava a reprovação da Justiça.

Trata-se de uma sentença bastante notável, pois poderia significar que, de repente, a justiça divina acusa o próprio Deus. Deus aceita isso, e por intermédio ou devido ao efeito dessa introvisão, Ele transforma o anjo da ira num anjo do Amor, e substitui a espada pelo anzol de três pontas. O restante vocês talvez compreendam à luz do ensinamento cristão: o estado paradisíaco do mundo começa a desvanecer e aparecem todas as misérias; mas então, quando surge Cristo, ele não é o anzol de pesca, mas a espada. Naturalmente, Dorn tem em mente dizeres de Cristo tais como: "Eu não cheguei para trazer a paz, mas sim a espada", de modo que, como podem ver, há novamente aí um problema não resolvido. O anzol de três pontas, que Dorn provavelmente associaria ao ensinamento ou ao conceito da Trindade, está num dos lados, mas não é aí que se acha Cristo, pois Ele trouxe a espada. Portanto, apesar de ser o Deus do amor e da redenção, num outro sentido Ele está cortando fora uma parte da humanidade, que segue então o caminho errado que leva para o Inferno.

Todo esse ensinamento, se você o examina com mais cuidado, é muito inconsistente. Se Dorn fosse honesto consigo mesmo, precisaria dizer que Cristo deveria realmente ter redimido a todos, e restituído a coisa toda ao seu estado original, mas Dorn conhece o bastante a respeito do mundo para saber que isso não aconteceu, e assim Cristo de repente é transformado naquele que traz a espada, e que separa novamente os opostos em vez de uni-los, e sua relação com o anzol de três pontas permanece completamente obscura. Isso poderia aborrecer se encarado sob a óptica psicológica que temos hoje. Naquilo que Dorn diz aqui, há uma espécie de filosofia em processo de mudança, com uma ligeira desonestidade inconsciente. Mas se vocês se lembrarem de que ele viveu na segunda metade do século XVI, e que apenas posteriormente surgiu a Contrarreforma e a idade da ciência, e a separação entre religião e ciência, então, ao contrário, deve-se admitir que na sua intuição ele chegou surpreendentemente perto da ideia da união dos opostos. E se ele dava, naturalmente, maior ênfase ao ensinamento oficial cristão, e se ficava embaraçado na divisão e no dualismo dessa religião, não podemos censurá-lo, mas sim observar o quanto ele avançou do outro lado.

Chegamos, então, a uma passagem muito interessante na qual o Amor Filosófico dá uma instrução, que é na verdade uma primeira tentativa de teoria sociológica.

Amor Filosófico: O homem então deixou o caminho da verdade, e desnudou-se e afligiu-se com suas preocupações diárias. Inicialmente, tornou-se um camponês e assim providenciava seu alimento e vivia de seu próprio trabalho. A seguir, surgiram os ofícios, mas com eles veio também a desigualdade entre os artesãos e os camponeses, com os primeiros se tornando mais ricos e mais favorecidos que os últimos, em alguns países. Em virtude dessa desigualdade sociológica, surgiram desconfianças e disputas. As pessoas começaram a construir palácios e a fazer guerras. Tudo ficou instável e desordenado.

Podemos reconhecer aqui os germes da teoria sociológica que acabou evoluindo até o marxismo: a ideia de que o capitalismo é a raiz de todos os males do mundo. Podemos então perceber aqui até mesmo algo que já foi reconhecido há muito tempo: que as teorias de Marx e Engels são uma continuação de certas teorias sociológicas que já existiam no cristianismo. O Amor Filosófico então prossegue em seus comentários sobre o caminho do erro:

Amor Filosófico: Ao atingir 21 anos de idade, a maioria das pessoas chega à encruzilhada dos caminhos, e tem de optar entre o anzol pelo qual são atraídos ao Senhor e o seguir seu próprio caminho. Muitos, porém, rastejam sob o anzol ou nem mesmo o percebem. Os outros abrem passagem para diante e seguem pelo caminho do erro e simplesmente se lançam numa vida mundana. Então, alguns fracassam, caem na pobreza e, por esse motivo, às vezes retornam à razão. A maior parte, entretanto, constrói uma grande fábrica no caminho da esquerda, um grande edifício sob uma direção única, ordenado e comandado pelo trabalho. Há até mesmo uma livraria e uma oficina de artesãos. [Foi nessa época que começaram a surgir os jornais, e com eles uma procura incansável por novidades e por notícias sensacionais.] Depois disso, as pessoas chegam mesmo a perder sua disposição de trabalho, até que, sobre a ponte da doença, elas entram num novo estágio. [Se o seu objetivo na vida é apenas trabalhar e ganhar dinheiro, você acabará adoecendo; sofrerá um infarto do coração por exemplo, e então, ao atravessar a ponte da doença, você entra num novo domínio real e numa segunda atração do Senhor.] Pois esse Deus permite que tais pessoas adoeçam mas, como antes, elas tentam novamente curar a si próprias com o que sabem, e correm a um hotel à esquerda, e que é a sede da medicina, com farmacêuticos, cirurgiões e médicos, e toda a profissão médica [tal como num sanatório ou numa clínica moderna], e quando de novo recuperam a saúde, tornam-se muito pobres [porque os médicos já eram ladrões naquela época, e não somente hoje] e atingem assim a próxima ponte, que é a da velhice, ainda ignorando a atração do Senhor, e apenas uns poucos que se acham nessa estrada conseguem retornar para o caminho certo. E então chegam as misérias da velhice, até que eles atingem o último hotel, o hotel da morte, e lá são recebidos por um anfitrião muito mais severo, que os mata com a seta da morte, que separa o corpo da alma.

Penso que esse texto necessita de comentários. É compreensível por si só, mas é interessante notar que já naquela época (e aqui Dorn tem a mesma atitude que Paracelso) havia uma estrita rejeição da medicina puramente física e materialista e uma consciência de que pelo menos parte dos problemas da doença e da velhice são psicológicos.

A seguir, o Amor Filosófico segue instruindo *Anima* e *Spiritus*. O Corpo, enquanto isso, está saboreando uma deliciosa refeição em outra sala. Novamente vocês têm aqui uma coisa decente, pois nos textos medievais de meditação o corpo é sempre torturado, mortificado, e tão maltratado quanto possível e, além disso, completamente tratado como inimigo. Aqui ele é tratado não propriamente como um inimigo, mas sim como um pobre camarada que não compreende, e recebe uma boa refeição em outra sala. Ele não é simplesmente mortificado ou rejeitado, ao passo que em tratados medievais como *Diligendo Deo*, ou nos escritos de São João da Cruz etc., há uma tremenda diferença no tratamento do corpo.

> *Amor Filosófico:* Vocês ouviram anteriormente que a espada do anjo e da primeira atração foi suspensa numa árvore na margem do rio, e que essa espada nada mais é que o Filho

de Deus, o Salvador da Humanidade, Cristo. Ele atrai com amor manifesto, não repreendendo com alegorias aqueles que passam por Ele, mas os atraindo como um ímã atrai o ferro, bastando para isso que as impurezas e as ervas daninhas do mundo não interfiram. Aqueles que admiram este rio, o rio do amor divino, e o amor que há nele, e que se deixam atrair, são trazidos para cá, como vocês por exemplo, e os servos da verdade os aceitam, como ouvirão.

Mas antes que isso aconteça, vamos comer alguma coisa e então vamos agradecer a Deus por vocês terem vindo para cá. [Segue-se, então, outra prece.] Vamos beber deste poço, e depois que tiverem bebido do poço do amor, vocês não mais deverão ser chamados de *Animus* (ou *Spiritus*) e *Anima*; e vocês não mais deverão ser dois seres, mas uma única *mens*. [Este é pois o momento em que tem lugar a unificação.] Então, fortificado dessa maneira, você poderá resistir ao corpo hostil [de repente, o corpo surge de novo como aparentemente hostil] e então você deve lutar contra ele até que ele tenha completado efetivamente seu curso natural e que a *mens* seja separada dele. Mais tarde, porém, acontecerá que ele, o corpo, também será purificado e novamente reunido com você, num mistério divino. Mas a maneira como você lutará contra o corpo, ou o que deve ser essa luta, você saberá apenas mais tarde, quando tiver atingido o quarto grau do caminho filosófico, que é a frequência ou a repetição.

Eu o acompanharei agora um pouco mais, e também descreverei o caminho seguinte. Com a ajuda da frequência ou repetição, você chegará ao castelo da sabedoria, onde terá alimento ainda melhor do que o que teve aqui. Pois aqui eu lhe dei apenas leite, uma vez que você ainda é uma criança. [Esta é, como sabem, uma alusão a São Paulo: "até mesmo para os recém-nascidos... eu os alimentei com leite".] O vinho da instrução espiritual mais elevada chegará mais tarde. Ali, a virtude lhe ensinará os frutos do amor. Posteriormente chegará o sexto grau da eficiência ou efetividade, que só pode ser alcançado por meio da virtude, e a seguir vem o sétimo grau, os assim chamados milagres, em que até mesmo os martírios do mundo tornar-se-ão um prazer para você. Daí em diante, será o próprio Deus que o guiará, e todas as suas outras companhias o deixarão.

Aparentemente, depois disso, o Amor Filosófico volta para o corpo, que tinha terminado sua refeição.

Corpo: Hi! [É, literalmente, *Hi* em latim; ele não é americano de qualquer maneira, mas, é isto o que ele diz.] Que companheira engraçada você tem [ele vê o Amor Filosófico], e onde está minha *anima*?

Mens: Estou aqui, o que deseja?

Corpo: Não consigo vê-lo.

Mens: Ah, finalmente você admite que está cego!

Corpo: Mas onde está o espírito?

Spiritus: Não me vê? Estou bem na sua frente.

Corpo: Oh, bom Deus, duas pessoas falando pela mesma boca.

Mens: E por que não? Não se recorda do que eu lhe disse antes? Disse-lhe que com o tempo você teria de lutar apenas contra uma pessoa, em vez de ser um contra dois.

Corpo: O que ouço – você usou magia sobre mim e sobre os meus olhos?

Mens: Oh, eu nunca uso nenhuma magia, longe de mim recorrer a isso, mas nós bebemos juntos do poço do amor e assim fomos reduzidos a um só. Agora, você realmente não deveria se queixar de ter de lutar contra dois, pois nos tornamos completamente uma única *mens*.

Corpo: Bem, a palavra *mens* tem uma associação com muitas outras coisas, pois é o começo de diversas palavras, *mensa*, a mesa, *mensura*, a medida, *mensibusque* [*menses* = meses].

Mens: Oh, se você tivesse pelo menos aprendido a ter medida em sua mesa, e se pelo menos você estivesse sempre consciente do pequeno número de meses que tem para viver.

Corpo: Você diz coisas engraçadas, você sabe muito bem que não posso viver sem comida.

Mens: Sei disso tão bem quanto você, mas você deveria saber que nem só de pão vive o homem.

Corpo: De que você se alimenta então? Ainda não o vi fazê-lo.

Mens: Novamente você demonstra sua cegueira.

Corpo: De que maneira?

Mens: Vivo de cada palavra que sai da boca do Senhor.

Corpo: Oh, também quero viver dessa maneira!

Mens: Você terá permissão para fazê-lo mais tarde, mas só depois de morto.

Corpo: Você é realmente cruel.

Mens: Não, eu estou prometendo algo muito agradável.

Corpo: Você quer dizer que a morte é agradável?

Mens: Sim, para aqueles que compreendem o que ela significa.

Corpo: Então, por favor, descreva a morte para mim, pois todos a temem bastante.

Mens: Muito bem, mas só você teme a morte.

Corpo: E você, não a teme?

Mens: Nem um pouquinho.

Corpo: Com toda a sua sabedoria, você nada mais é que terrivelmente louco.

Mens: Não, você é que é louco.

Corpo: Bem, eu sei que todos odeiam a morte.

Mens: De fato.

Corpo: Bem, então fale para que eu possa compreendê-lo.

Mens: Bem, vou explicar a coisa com realismo, para que você possa entendê-la: a *mens* do homem é imortal e, portanto, não teme a morte, e com coragem pode superá-la; o corpo, entretanto, está sujeito à morte, e é por isso que ele a teme.

Corpo: Bem, mas como você sabe que a *mens* não morre com o corpo?

Mens: Eu sei que tudo o que nasceu da morte é mortal, mas o que nasceu da vida não pode morrer, e também aquilo que está entre a vida e a morte, ou seja, a *anima*, será salva para a vida.

Corpo: Você fala de modo totalmente obscuro.

Mens: Não, de modo totalmente claro.

Corpo: Bem, então o que é a vida?

Mens: É a *anima* do corpo. Você se recorda de que a *anima* é o princípio da vida do corpo?

Corpo: O que é então a morte?

Mens: O final da vida.

Corpo: Bem, eu não fiquei mais sábio do que já era. [Eu também não fiquei!]

Agora, a partir do nosso ponto de vista, se encararmos isso criticamente, como imaginação ativa, Dorn (ou sua personagem) não conseguiu atingir uma possibilidade de unificação. Vejam, o corpo está, na verdade, muito desejoso de colaborar, e em determinado momento, quando os dois que se tornaram um dizem que agora (eles se chamam *mens*), em vez de lutar ou de admitir opiniões tolas contra a *mens*, ele começa a fazer associações e afirma: "*Mens*, isto me lembra diversas palavras, por exemplo, *mensa*, a mesa, *mensura*, a medida e *mensibusque*, meses".

Ora, se tomássemos isso como imaginação ativa, essa associação muito inteligente deveria ser aceita. A propósito, trata-se de uma associação etimologicamente correta, pois todas essas palavras realmente têm origem na mesma raiz, e nisso o corpo demonstra uma notável sabedoria. Em primeiro lugar, ele demonstra conhecer bastante a respeito da etimologia das palavras, e também toca num problema essencial. Mas, em vez de prosseguir na mesma linha, e dizer para o corpo: "Sim, está certo, *mensa, menses, mensura*, quais são suas associações seguintes?", a mente fica de mau humor e diz: "Oh, se pelo menos você tivesse posto alguma medida em sua mesa, isto é, na sua atividade de comer; e se pelo menos você se lembrasse de que tem apenas alguns meses para viver". E a seguir vem a discussão sobre a morte etc. Notem que aqui a *mens* ainda é uma espécie de propagandista emocional, e eu diria que tem início até mesmo uma certa hostilidade. O corpo não é hostil. Ele está começando a tentar entender as coisas, e se tentarmos traduzir esse ponto crucial da discussão para a nossa linguagem psicológica, veremos que importante oportunidade a *mens* deixou de aproveitar.

Se examinarmos o que se escreveu sobre a vida religiosa das sociedades primitivas, parece muito provável – ou, pelo menos, esta era a opinião de Jung, da qual compartilho e a qual, penso eu, com o tempo poderá vir a ser facilmente comprovada – que nas populações mais primitivas que ainda existem, a religião consiste principalmente em certos rituais que têm, em grande medida, estatuto físico: totens, refeições, danças e outras atividades, gestos de oração, e assim por diante. Disto, o homem provavelmente nunca se deu conta, pois os rituais são executados exatamente da mesma forma como os dos animais. Estudando o comportamento dos animais, sabemos agora que muitos de seus padrões de comportamento não servem (ou não se pode provar que sirvam) a nenhum objetivo utilitário imediato, tal como o da propagação da espécie, o da alimentação, o da sobrevivência etc.

Adolf Portmann explica esses "rituais", como os chamam atualmente os zoólogos, dizendo que são rituais que expressam o significado da existência do animal. Executando-os, o animal manifesta seu próprio ser, ou, poder-se-ia dizer, expressa o significado de sua existência sobre a terra, e até mesmo o mais cético dos zoólogos não consegue descobrir neles qualquer outro propósito prático. Se impedimos os animais de executar esses rituais, eles adoecem e sua vitalidade diminui, de modo que temos de presumir que até mesmo nesse nível há a necessidade de expressar – usemos a expressão de Portmann – o significado da própria existência – sem qualquer outra finalidade prática – e é mais do que provável que os rituais mais arcaicos e mais originais do homem fossem de natureza semelhante.

Essa é também a razão pela qual (e esse é um grande quebra-cabeça para os modernos etnólogos, muito embora, para mim, pareça bastante óbvio e, na verdade, nada intrigante) quanto mais retrocedemos na história da religião, menos conseguimos fazer distinção entre jogos, brincadeiras e rituais. Se examinarem a história de jogos e brincadeiras como os que existem ainda hoje em sociedades primitivas, por exemplo jogo de dados ou o jogo de argolas (espeta-se uma vareta no chão e atiram-se argolas sobre ela) e todos os outros jogos de grupo e jogos de bola, constatarão que eles são executados como um ritual e, ao mesmo tempo, como um jogo. Em certa literatura atual, trava-se uma grande discussão para se saber como isso é possível. Os investigadores mais razoáveis dizem que não se pode fazer uma distinção entre as duas coisas. Em outras palavras, quando o homem não está ocupado em fazer amor, caçar, comer ou dormir, e se ainda lhe restou alguma energia, então – usemos a expressão zoológica – ele se dispõe a fazer coisas que para ele expressam o significado de sua existência, e tais coisas são, em geral, jogos rituais ou rituais lúdicos. E, de acordo com o material que tenho examinado, 90% deles – ou talvez até mesmo todos – agrupam-se em torno do que chamaríamos hoje de simbolismo do *Self*.

Há, em geral, uma estrutura de mandala envolvida em algum aspecto do jogo: anéis têm de acertar um centro, ou você tem uma cavidade em forma de bacia dentro da qual tenta atirar pedrinhas, e você acerta ou erra o alvo. Os padrões de todos esses jogos ritualísticos são, em grau maior ou menor, padrões de mandala, e até mesmo os implementos usados, como, por exemplo, os dados, têm geralmente uma estrutura mandálica, e o mesmo acontece em todo o mundo, nos jogos primitivos da América do Norte e da Índia, nos velhos jogos chineses, nos jogos dos aborígines australianos etc. Esses jogos ou performances rituais são, portanto, os aspectos mais antigos da vida religiosa do homem que podemos rastrear historicamente, e se encaixam muito bem com as informações que a zoologia está nos fornecendo, pois as duas coisas confluem. Os animais, até certo ponto, também possuem jogos rituais, mas no homem eles são muito mais desenvolvidos.

Portanto, pode-se dizer que no estado de coisas original que pode ser comprovado historicamente, não há diferença entre impulso instintivo e religião. A religião e a vida física instintiva do homem são indivisas e, se aplicarmos isso ao nosso texto, teremos o fato de que a luta entre a *mens* e o corpo existia na forma original, pois eles formavam uma unidade completa. Como diz Jung, a vida instintiva num nível primitivo não é nada simples. Não se deve pensar, quando se usa a palavra "instinto", que se trata de uma espécie de impulso físico simples. Pelo contrário, ele se revela um complicado sistema de organização de casamentos, de jogos organizados, e assim por diante. Há sempre, nas mais primitivas atividades religiosas instintivas do homem, uma organização muito estrita envolvida, muito mais estrita que a dos modernos sistemas de leis. A quebra de um tabu numa sociedade primitiva acarreta uma punição muito mais drástica do que qualquer das punições que temos em nossa sociedade moderna, e muitas pessoas, se não forem punidas pela tribo por violar um tabu, adoecem ou morrem porque dentro de si mesmas elas sentem que falharam no significado global de sua vida ao ignorar um tabu tribal.

Dessa maneira, pode-se perceber que a ordem espiritual que associamos ao ensinamento religioso e à atividade instintiva estão em completa harmonia, mas repetidas vezes na história da humanidade e nas histórias das religiões, essa unidade original, ou esse funcionamento harmonioso do significado e do padrão de ordem com o impulso físico instintivo, é rompido, e é apenas então que, como assinala Jung, ocorre uma divisão e o ensinamento religioso passa a se tornar hostil e venenoso à impulsividade física instintiva. Tais divisões, como a que encontramos no texto de Dorn, e que se repetem com uma frequência impressionante ao longo de toda a história da religião cristã, já ocorreram antes, em muitas outras religiões, e foram provavelmente ocasionadas pelo próprio inconsciente, com o propósito de aumentar a consciência.

Sabemos que, em última análise, todos os conflitos do homem não são criados apenas pela sua, digamos, atitude consciente errônea, mas sim pelo próprio inconsciente, que almeja, com isso, reunir os opostos num nível mais elevado. Portanto, tal situação, em que alguma doutrina, ou ensinamento, ou tradição religiosos é venenosa e destrutiva relativamente à instintividade física do homem, não deve ser vista apenas como uma catástrofe ou como um desvio do padrão original, mas também, em igual medida, como um dispositivo de que lança mão a psique inconsciente para gerar um maior grau de consciência. Entretanto, se isto for longe demais, a pessoa acaba numa situação de divisão e numa tal tensão entre opostos que perde completamente seu equilíbrio interno, e até mesmo sua capacidade de sobrevivência. Em tais casos, quando o inconsciente, por assim dizer, criou a divisão, ele posteriormente também produz símbolos que se destinam a estabelecer a reconciliação. O símbolo que aparece com mais frequência nessas ocasiões é o de um grande ser que cura, uma figura de homem-deus ou uma figura de salvador, que, mais uma vez, une os opostos, supera a divisão, e instaura uma nova ordem das coisas na qual a instintividade física do homem, suas raízes originais, por assim dizer, e seu inconsciente reúnem-se novamente numa vívida cooperação, passando a conviver com uma nova visão ou com uma nova ordem das coisas.

Originalmente, portanto (e Dorn chega a reconhecer isso mais tarde), pode-se dizer que ninguém é menos voraz, menos ganancioso, menos desequilibrado etc., do que os animais e os homens primitivos. O instinto, em sua forma original, transporta em si mesmo a sua própria medida. Os animais muito raramente comem em excesso – talvez cães o façam, e depois vomitem, mas isso geralmente ocorre porque eles já ingressaram nas áreas perturbadas do homem. O homem interferiu em seus hábitos alimentares, em seus ritmos e em seus horários de alimentação; portanto, não tomem os animais domésticos como exemplo: eles foram todos arruinados pela nossa influência. Mas os animais que vivem em plena natureza nunca cometem excessos, nem com sexo, nem com comida, nem com coisa alguma, pois seus padrões de comportamento sempre impõem a medida adequada e o momento exato de parar. O momento de começar e o momento de parar estão, ambos, incorporados em seu sistema comportamental, e é por isso que Jung sempre dizia que os animais são muito mais piedosos e religiosos do que o homem, pois eles realmente obedecem à sua ordem interior e seguem à risca o significado daquilo que lhes é destinado ser, nunca indo além disso. Apenas o homem é capaz de ultrapassar esse limite em tão grande medida.

Agora, vejam, o corpo diz algo muito interessante no texto de Dorn: *mens*, mente, associado a *mensa*, mesa; *mensura*, medida; e *mensis*, mês, *menses*, meses, em latim. Desse modo ele tem de repente uma verdadeira intuição, e diz: "Oh, somos parentes.

Você é a *mens* – significa aquele que quer se concentrar na ordem espiritual, mas eu estou interessado é na vida terrena, aqui nesta terra, comendo, e coisas desse tipo; existe *mens* nisto também." Se ao *corpus* tivesse sido permitido falar mais um pouco, eles poderiam ter se dado as mãos e concordado em que, basicamente, estavam seguindo a mesma linha. O corpo deveria escutar sua própria *mensura* da *mensa*, e isso é exatamente o que a *mens* deseja, e não haveria necessidade de conflito. Mas a *mens*, tendo seus preconceitos emocionais, diz simplesmente: "Oh, você não deveria ter comido daquele jeito, você deveria se lembrar de que logo vai morrer", e dispara um sermão emocional sobre o pobre corpo.

Portanto, deve-se ler o texto com muito cuidado. Se você fizer isso e se lembrar sempre de ouvir o que diz o corpo, compreenderá que teria havido uma possibilidade de união. Mas a *mens*, apenas para intimidar o corpo, recorre à ameaça da morte e, naturalmente, ele não gosta disso. Mesmo assim, entretanto, o corpo se mostra, de certa forma, bastante compreensivo, ou realmente desejoso de compreender, pois faz a pergunta: "Bem, diga--me, o que é a morte?". E vão surgindo, então, frases convencionais do tipo: "Você vem da morte e, portanto, retornará à morte", ou "a *anima* está nessa posição intermediária, mas será salva na eternidade", e "você, o corpo, realmente teme a morte". Então o pobre corpo diz: "Bem, eu não fiquei mais sábio do que já era".

Assim, a despeito de sua tentativa de compreender, ele não consegue lidar com o que a *mens* tem em mente. Como vocês verão mais tarde, a coisa não é assim tão má quanto parece a esta altura da conversa, pois aqui tem-se a impressão de que eles se acusam mutuamente de serem loucos, e não podem se unir. *Mens* continua então a tentar explicar um pouco sobre a morte.

> *Mens:* Ouça, aquilo que você chama de morte é, para mim, o início da vida eterna, e não consigo imaginar nada mais agradável, mas você odeia a morte pois ela o afastará dos prazeres mundanos. Você deveria saber que entre os prazeres mundanos e o prazer eterno a relação é a mesma que existe entre o fel e o mel, mas você mesmo sabe que todo prazer [a *mens*, com isso, está querendo dizer prazer sem medida, prazer desmesurado – *luxúria* é uma palavra negativa; em latim seria *voluptas*, que significa, como sabem, comer demais ou fazer as coisas com exagero] acaba em náusea, e após a náusea acontecem coisas ainda piores: a doença e, por fim, a morte. Quando você come, sempre quer mais e mais, e nunca para de querer mais, e com a bebida é a mesma coisa, e, a despeito disso, você teme a morte. No entanto, é você que prepara a sua morte, corpo insaciável. Aquele que não consegue se proteger do que é ruim para ele, e que teme aquilo que ele mesmo é, é o corpo humano que não vive em harmonia da *mens* [vejam, a *mens*, alega ter a medida certa], e ele é mais infeliz do que qualquer animal [chegamos agora ao ponto a que me referi anteriormente] pois os animais desejam apenas o que é absolutamente necessário para eles.

De uma maneira secreta, a *mens* retorna ao que o corpo quis dizer. Ela agora aceitou realmente essa sabedoria, e está ciente de que para os animais não há tal problema, e que se o corpo humano, uma vez que é um animal, desse ouvidos à náusea interior e a outras reações, que são as reações que nos dão uma indicação da medida interior, então não haveria problemas. Assim, com um desvio, e apesar de fingir não concordar, a *mens* agora defende aquilo que o corpo antes visava, de modo que eles não estão na verdade tão afastados quanto parece. É somente o homem com sua razão que pode exagerar, e até mesmo comer aquilo que o mata.

Mas a seguir vem um longo sermão moralista contra a supervalorização dos prazeres do corpo: "Oh, pobre corpo, você na verdade só teme a si mesmo, pois é de você que vem a morte através da cupidez". O que realmente acontece é que a *mens* acusa o corpo de estar errado não em si mesmo – ela admite que o corpo está realmente *OK* em si mesmo –, mas devido ao fato de ele ter essa cupidez desmesurada. De um ponto de vista moderno, diríamos que a cupidez exagerada é um problema psicológico, e não tem nada a ver com o corpo, mas sim com a sombra.

Desse modo a mens *projetou a sombra sobre o corpo*, e lhe transmitiu todos aqueles sermões, mas se deixarmos isso de lado, e tomarmos o corpo exatamente como ele é – a saber, um animal bastante razoável, que tem suas próprias leis espirituais interiores para seguir – sem acusá-lo e sem dizer que essa insaciabilidade vem dele mesmo, então a discussão poderia ter ocorrido em outro nível, e a questão agora consistiria, isto sim, em indagar sobre a origem de tal cobiça desmesurada. De onde teria surgido essa tendência neurótica para exagerar na comida, na bebida etc.? Hoje reconheceríamos isso, claramente, como um problema psicológico, e não culparíamos o corpo, mas naquela época, como ainda não se dispunha do conceito de inconsciente, eles não poderiam compreendê-lo dessa maneira, e por isso projetavam-no sobre o corpo.

Então, a *mens* continua a projetar, dizendo: "Veja agora quão inconsistente você é". (Eu diria para a *mens*: "Você também é".) Eles têm um problema de sombra, um problema não esclarecido, que simplesmente atiram um para o outro, cada um acusando o outro de inconsistência. A *mens*, no entanto, não é lógica, em absoluto, e escorrega em seu raciocínio, dizendo:

> Veja agora quão inconsistente você é; você não consegue resistir a outras pessoas e nem a você mesmo. Por favor, seja agora tão razoável quanto possível, e não hesite tanto, pois temos de correr para os jardins de *Frequentia* (ou seja, da repetição), e lá você ouvirá mais sobre isso!

Chegamos, então, a uma curta passagem, que é chamada de recapitulação do quarto capítulo do terceiro grau do desenvolvimento interior.

> Vocês devem saber, irmãos [diz agora o autor], que se pode considerar tudo o que eu mencionei antes e tudo o que vou

mencionar depois como dizendo respeito à preparação alquímica. [Ele próprio de repente se assusta com a possibilidade de que alguém possa vir a interpretar erroneamente tudo isso, apenas como uma discussão interior de natureza moral, como uma espécie de problema moral, como alguém discutindo consigo mesmo sobre seus próprios impulsos, deixando de entender que o que diz é uma explanação sobre a *verdadeira* alquimia, a *verdadeira* química.] O que eu disse a respeito das partes do homem, separando-as por meio da filosofia especulativa, pode, com igual pertinência, ser aplicado à separação de um elemento de todos os outros corpos.

Vejam que nesse estágio inicial da química, a maneira mais simples de separar as diferentes substâncias consistia em aquecê-las. Como sabem, cada diferente elemento começa a evaporar numa diferente temperatura, e assim, se vocês têm uma mistura de substâncias químicas e se começa o aquecimento, primeiro uma das substâncias se desprende, e você pode precipitá-la; a seguir, é um outro que abandona a mistura, e você pode precipitá-lo do mesmo modo, e assim por diante. Naquela época, era assim que eles frequentemente separavam os diferentes elementos químicos e as ligas. A *mens* diz aqui que com o calor pode-se separar diferentes substâncias,

e é isso o que estou fazendo neste diálogo. Estou realmente usando um fogo para separar todos os diferentes elementos. Portanto, não deve ser entendido como um sermão religioso moralista, semelhante a um texto de um santo medieval. Deve-se, isto sim, entendê-lo quimicamente, e se uma tal separação não for feita, então os alquimistas nunca encontrarão a medicina universal para a cura de todas as doenças. Não há uma só palavra em todo este livro que não se refira à arte da alquimia e à sua explicação.

Assim Dorn evita o preconceito, no qual o leitor poderia facilmente vir a ser apanhado, de que ele está se referindo apenas a um conflito mental interior do homem e não a um evento da natureza. Vejam como aqui, mais uma vez, o conceito de inconsciente coletivo, tal como Jung o concebeu, surge como um fator de salvação. Apenas graças a esse conceito podemos reconhecer objetivamente um conflito interior, sem projetá-lo nem no corpo nem no assunto.

A *mens* é, mais ou menos, uma consciência egoica desenvolvida e bem-intencionada, com convicção religiosa e autocontrole, tendo à sua disposição toda a sabedoria da tradição cristã, ao passo que o corpo carrega a projeção de toda uma série de coisas que chamaríamos hoje de inconsciente.

Mas a ausência do conceito de inconsciente sempre acarreta um problema, pois o conflito ou está na *mens*, e então há aquele tipo de ego que luta com alguém que quer fumar outro cigarro, ou então se trata de uma perturbação puramente química na natureza. Entre as pessoas no mundo moderno, oitenta por cento ainda pensa dessa maneira, pois ainda nem mesmo chegaram a perceber a importância do conceito de inconsciente. Elas ainda veem apenas um sujeito com conflitos pessoais, e a *mens*, naturalmente, acha-se na mesma posição. Sempre tem havido uma tendência para interpretar erroneamente os conflitos, seja num sentido materialista – a saber, que o problema todo está no corpo (materialismo) e há um remédio físico para curá-lo – seja num sentido psicológico, com a implicação de que o problema reside simplesmente naquilo que o sujeito pensa de si mesmo e nas complicações que o ego mantém consigo mesmo e que cria para si mesmo. A ideia de que o conflito poderia estar num outro plano, isto é, na psique inconsciente, onde também está a cura, naturalmente não existe para essas pessoas. (Vocês agora entenderão melhor por que Jung teve de retroceder para o século XVII, ficar aprisionado lá, e a partir de lá captar e apreender o processo.)

Mas aqui Dorn afirma claramente (pois ele, pouco a pouco, o compreendeu) que não está falando apenas a respeito do conflito consciente, mas sobre algo mais: um fator de cura, ou, como ele diria, um divino fator espiritual de cura na matéria ou na natureza. E é por isso que ele termina esse capítulo com esse pequeno epílogo, e diz: "Não o entenda como um conflito moral; entenda-o como um procedimento alquímico".

Dorn prossegue, e dá uma explicação ainda melhor:

> O amor filosófico e a inimizade ocorrem no âmbito da parte material exatamente como ocorrem nas partes do

homem. A união dos dois só pode ser conseguida se, em primeiro lugar, a corrupção for removida antes da *coniunctio*, que é o motivo pelo qual se deve fazer a paz entre os inimigos de modo que eles possam tornar-se amigos. Em todos os corpos imperfeitos [ele está se referindo aos metais como são encontrados na natureza] que ainda não alcançaram sua completa perfeição há, simultaneamente, um estado de amizade e de inimizade. Mas se o homem, com grande esforço e compreensão, remove a inimizade, então, como explicamos, eles atingem a perfeição ao se tornarem uma coisa só no homem. Portanto, separem pelo fogo as partes impuras de cada corpo e as purifiquem (as partes puras não precisam disso). A seguir, misturem novamente o que foi purificado com o que é puro, e o que é pesado com o que é leve, e, depois de terem sublimado tudo, poderão tornar volátil o que é fixo, e espiritual o que é físico.

Até agora, apenas mencionei as comparações com a alquimia física, mas agora temos de parar um pouco até que tenhamos novamente explicado o restante sob o ponto de vista da alquimia metafísica, como já ouviram antes.

Como veem, ele assim procede: começa com o ensinamento religioso, então desce até o problema tal como se apresenta no homem com seus conflitos, e a seguir aplica isto ao corpo, e depois, ao elemento geral na natureza, e aí ele diz que na natureza exterior – digamos, num pedacinho de minério ou de madeira ou de pedra – há exatamente a mesma situação que no homem, isto é, um estado de tensão hostil, de inimizade por um lado e de uma certa dose de amor por outro. Ele se refere à repulsão e à afinidade num sentido físico, e também aí você tem de proceder removendo a repulsão ou a inimizade entre todas as diferentes partes, de maneira tal que todas elas possam se unir.

Sua associação com a história da alquimia seria a de que o ouro, agora efetivamente entendido como metal, é o estado perfeito de todo metal; se você tem ferro, ou uma liga ou cobre, isto nada mais é do que um metal ainda-não-completado, que se acha obstruído por substâncias que há nele e que lhe são inimigas. Portanto, se você realizar essa *separatio* superior e se remover o que obstrui o desenvolvimento interior desse metal, ele se transformará naturalmente em ouro.

Esta era a teoria dos alquimistas, e ainda não estamos tão convencidos de que ela possa realmente ser aplicada nessa forma bruta, pelo menos não à matéria, embora se pudesse ser capaz de aplicá-la num nível diferente. Para nós, no entanto, é uma clara representação do que se descobre no inconsciente, que contém, ao mesmo tempo, tendências conflitantes e desintegradoras. Estas últimas frequentemente resultam em psicose se o consciente e o inconsciente se chocam, pois isso significa que elas prevaleceram, e a pessoa então cai em todas aquelas partes que são hostis umas às outras, como ocorre, por exemplo, quando o psicótico ouve diferentes vozes que brigam umas com as outras. Por outro lado, também sabemos que o inconsciente contém tendências sintetizadoras ou integradoras, que emanam daquele centro regulador que Jung chama de *Self*.

O *Self* é o centro de tendências integradoras dentro do inconsciente, e assim podemos dizer que, nesse sentido, ainda procedemos exatamente como os alquimistas. Tentamos remover a inimizade, não expulsando-a, mas forçando as pessoas a se entenderem com seus próprios conflitos, fazendo-as confrontarem-se com eles em vez de simplesmente deixar a coisa acontecer no inconsciente, e dando apoio à tendência integradora do inconsciente – por exemplo: se você tem sonhos que propõem uma solução, fazemos com que esses sonhos e suas tendências venham à consciência, e encorajamos e favorecemos, por assim dizer, as tendências integradoras. Com muita frequência, nesse tipo de sonho vê-se a inimizade dos elementos como animais lutando: um pássaro e uma cobra lutam, como em muitos contos de fadas e mitos, ou dois pássaros lutam, ou dois cães se atracam numa luta. A imagem de animais em luta refere-se sempre a um conflito dentro do próprio inconsciente, quando duas tendências instintivas dentro do inconsciente travam seus chifres. Se a consciência entra em ação, então o conflito se altera.

A mesma coisa acontece nos contos de fadas em que o herói encontra animais em luta, e os pacifica, e então eles lhe oferecem presentes. Um deles lhe dá uma pena de águia, e diz: "Sempre que me chamar, eu o ajudarei", enquanto outro lhe dá um pelo de sua cauda e diz: "Sempre que precisar, basta pegar este pelo e queimá-lo, e eu virei em sua ajuda". Este é um tema que aparece em inúmeros mitos e contos de fadas. Neles também aparece a inimizade de diversos elementos dentro do inconsciente, a qual, graças à interferência da consciência, pode ser resolvida por meio de um compromisso ou por tornar consciente o conflito. Isso limpa o caminho, de maneira que as tendências mais integradoras do *Self* possam surgir e trabalhar pela integração e pela unificação da personalidade. Esses conflitos emanam parcialmente das influências ambientais, e provavelmente também do fato de que, em nossa psique, herdamos tendências conflitantes de nossos antepassados. Em geral, nascemos com um certo número delas, e se nos descuidarmos, elas promovem sua guerra dentro de nós, lutam entre si em nossas costas e, assim, distraem e enfraquecem a personalidade consciente. Há, portanto, uma completa analogia com o que Dorn tenta descrever.

> Devo agora advertir o leitor de que ele precisa fazer certas distinções, de modo a não ficar confuso e de maneira a não começar, por causa disso, a duvidar da coisa toda. Se menciono coisas sem alma, estou me referindo aos reinos mineral e vegetal, ou seja, aos reinos das plantas, das pedras e dos metais que há na terra. Essas coisas, no entanto, também possuem sua alma mineral e vegetativa [assim, ele está convencido de que até mesmo o que nós, grosseiramente, chamamos de matéria inanimada possui uma espécie de psique própria, embora de qualidade diferente da psique do homem], e se falo, portanto, de corpos

inanimados, ninguém deve pensar que quero ir contra os alquimistas que acreditam que tudo na natureza tem um espírito, uma alma e um corpo. Penso que isso está evidente. [Ele rejeita a ideia de corpos inanimados, e mesmo que se refira a eles dessa maneira, o faz de forma coloquial; ele está convencido de que não existe matéria morta ou inanimada, pois até mesmo essa possui uma espécie de alma.] Até mesmo o menos razoável dos animais tem uma alma, mas com isso não estou me referindo a uma parte racional [diríamos, uma consciência egoica mais condensada], mas sim que ele possui uma alma sensitiva.

"*Sensitiva*" significa, nesse contexto, ser capaz de sentir, de ter afeições e sentimentos. Alguns behavioristas ainda pensam, de forma cartesiana, que os animais são puros autômatos físicos. Porém, mais e mais, certas escolas estão chegando à conclusão de que os animais possuem, na verdade, os primórdios rudimentares de todas aquelas qualidades psíquicas que nós mesmos possuímos, embora talvez não tão desenvolvidas, e que os mamíferos mais evoluídos têm reações e sentimentos muito semelhantes aos nossos. Eis por que Konrad Lorenz disse, em tom de brincadeira, que os animais são pessoas sensíveis. Quem quer que os conheça concordaria com isso, e Dorn parece ter uma ideia semelhante.

É necessário compreender o que expliquei anteriormente, que há uma dupla separação racional [racional — *ratio* — ter a visão correta das coisas]: uma é a separação voluntária que discuti antes, e a outra é a separação natural, que não pertence à alquimia. [Ele se refere à morte natural.] Na morte, a mesma coisa acontece, mas isto não pertence à alquimia; isto é apenas um acontecimento. Mas a separação da alma perceptiva e do assim chamado corpo inanimado é também dupla, pois, mais uma vez, uma é natural e a outra é artificial, e novamente apenas a última pertence à alquimia. A separação voluntária acontece num estado no qual todas as partes são preservadas, o que não ocorre na separação natural. Na morte, o corpo é destruído, mas se eu antecipar a experiência da morte, como faço aqui, nesse procedimento alquímico, então o corpo é preservado e separado, deixado de lado e preservado, e eu posso utilizá--lo novamente mais tarde. Mas se essa mesma separação acontece por meio do corpo, não se pode utilizá-lo novamente: está destruído. [É isto o que ele quer dizer quando afirma que a separação voluntária tem a vantagem, pois por intermédio dela todas as partes são preservadas.] O instrumento da separação voluntária é o espírito e o sopro da vida, e o instrumento da separação natural é a morte, e o instrumento da separação artificial [isto é, na retorta] é o fogo. Mas eu não objetaria se alguém aplicasse a ambas a alquimia das *rationalia* [por esse termo, ele se refere ao que descreveu anteriormente no diálogo] com a sensação efetiva e o assim chamado corpo inanimado.

Isso soa muito estranho, pois ele sempre se refere a elas como duas, mas diz que não objetaria se alguém as entendesse como uma única. Em outras palavras, ele simplesmente não é capaz de lançar mão do que se poderia chamar de linguagem unitária e é, portanto, sempre forçado a falar sobre as assim chamadas coisas externas na retorta ou no metal, e a respeito dos assim chamados fatos psíquicos inconscientes ou interiores, que ele denomina *rationalia*. Mas ele afirma não objetar se você realmente as compreender como uma coisa única.

Dorn se defronta com uma dificuldade que ainda temos na psicologia moderna. O físico e professor Pauli sempre dizia: "Deveríamos agora procurar encontrar uma linguagem neutra, ou unitária, na qual todos os conceitos que usamos sejam aplicáveis tanto à matéria como ao inconsciente, de maneira a superar essa visão errônea de que a psique inconsciente e a matéria são duas coisas". Ainda não possuímos essa linguagem unitária, nem mesmo em pequena medida, e Dorn a possuía menos ainda. Por isso, ele era forçado a falar de maneira dupla, enquanto ao mesmo tempo nos afirma continuamente que, de alguma forma, ela deve ser entendida como uma só. Ele não consegue superar isso, pois é obstruído pela linguagem de seu tempo, mas aqui ele diz: "Não quero dar a impressão de ter deixado de lado a alquimia natural". Quem quer que leia essa discussão extremamente moral e ética poderia dizer: "Bem, esse é um problema moral e teológico. O que tem isso a ver com a alquimia natural?" – referindo-se ao que acontece na retorta –, mas Dorn afirma: "Não quero dar essa impressão".

Dorn prossegue:

> Deve-se entender a coisa da maneira correta e, portanto, começarei agora pela *separatio*. Vocês sabem que o homem vive apenas durante certo tempo, após o qual, de acordo com a natureza, ele se dissolve em espírito, alma e corpo, e o corpo se dissolve em putrefação na morte. Então o fogo natural do corpo, o calor do corpo, cessa, e o *humor radicalis*, a unidade radical básica do corpo, para de fluir. Então, o espírito e a alma deixam o corpo, o corpo é colocado na terra e, por intermédio do processo de putrefação, desintegra-se em suas partes elementares, cada uma delas retornando ao seu elemento – a terra devora as partes terrenas do corpo; a água, o líquido, e assim por diante. Espírito e alma, entretanto, voltam às suas origens, mas não deveriam permanecer separadas de seu corpo para sempre, e são portanto reunidos a ele mais tarde numa melhor composição, graças a um artifício divino, de tal modo que, mais tarde, não poderão ser separados. E o valor mais alto da união reside no fato de que eles se tornam uma inseparável fusão conjunta de todas as partes numa única.

Dorn descreve aqui a ideia do corpo de glória, ou da ressurreição física após a morte, tal como é ensinada no cristianismo. Para ele, a morte natural é interpretada como uma separação temporária durante a qual o corpo se desintegra e as outras duas partes se separam. Então, Deus é o grande alquimista que, mais tarde, por meio de um artifício divino, os reúne. Ele, de alguma forma, faz o corpo ressuscitar, e então, nessa segunda união de corpo, mente e alma, eles realmente se tornam uma coisa completamente una.

Se vocês se lembram do que eu lhes disse na primeira palestra, ou seja, que uma das raízes da preocupação alquímica advinha do empenho dos egípcios em criar um corpo eterno, e que uma enorme quantidade de procedimentos químicos e alquímicos são verdadeiras continuações das tentativas químicas dos egípcios para mumificar o corpo e, assim, criar um corpo eterno como uma meta para a continuação pós-morte do espírito e da alma, perceberão o quanto esse arquétipo vai direto ao ponto.

Agora, Dorn toma o ensinamento cristão do corpo de glória exatamente da mesma forma que o fizeram os egípcios, para quem o que hoje chamaríamos de corpo de glória era a múmia verdadeira, que consistia num corpo quimicamente modificado, ao passo que para os cristãos é a de que é Deus que produz esse milagre. Vocês provavelmente já devem ter visto essas gravuras medievais em que todos aqueles esqueletos já meio desintegrados saem de seus túmulos quando o anjo faz soar a última trombeta, e então surgem todas aquelas terríveis dúvidas, como, por exemplo, a de saber se você será tão feio quanto era na terra, ou então, se você, tendo uma perna de pau, terá novamente uma perna de pau.

Portanto, esse problema do corpo de glória tem sido sempre um grande obstáculo para os crentes, e ainda hoje, se perguntarmos a um pároco como isso acontecerá, ele provavelmente dirá que ninguém pode ter muitas fantasias a respeito. Mas Dorn, naturalmente, sendo um cristão absolutamente crente, está convencido disso. E agora estamos no caminho certo, pois se Deus pode fazer isso, então o alquimista, se puder entrar em contato com o espírito criativo de Deus, também poderá fazê-lo e poderia fazê-lo até mesmo durante a vida! Naturalmente, ele não pode fazê-lo apenas com a sua própria estupidez; porém, se por meio da meditação ele puder entrar em contato com Deus, e Deus traz no bolso o segredo de como criar um corpo eterno, então Deus pode lhe transmitir o seu segredo alquímico, e assim é possível, ainda durante a vida, graças a esforços psicológicos, criar dentro de si mesmo um corpo imortal ou glorificado, antes da morte natural. Este é todo o *opus*, e aqui Dorn, juntamente com muitos outros alquimistas, chega a um ponto de vista que é completamente familiar ao Oriente.

Se vocês pensarem na ideia de criar o corpo de diamante graças a certos exercícios de yoga, sobre os quais já estão cientes se leram *O Segredo da Flor de Ouro*,* que é uma espécie de texto de meditação da yoga chinesa, verificarão que o objetivo é o de

---

* Há traduções em português: *O Segredo da Flor de Ouro* – versão de C. G. Jung e R. Wilhelm, Petrópolis: Vozes, 1983; e *A Doutrina da Flor de Ouro* – versão de Mokusen Miyuki, São Paulo: Pensamento, 1990 (fora de catálogo).

criar, no corpo mortal, uma espécie de corpo sutil, a morada da alma e do espírito após a morte. Então, quando a desintegração tiver lugar, o corpo efetivamente moribundo desprende-se como uma casca, e dele sai o corpo imortal glorificado que já fora interiormente criado por meio da meditação e do esforço psicológico. Desse modo, uma ideia que é completamente familiar ao Oriente ocorre no Ocidente praticamente apenas na alquimia, pois os alquimistas estavam preocupados o suficiente com o corpo e com o problema do corpo de glória.

5ª Palestra

MAGIA MEDIEVAL, SINCRONICIDADE MODERNA

Terminamos nossa última palestra quando nossas personagens se achavam a meio caminho do grau de *Potentia*, potência, por vezes também chamada de *Frequentia*, persistência ou perseverança. Elas haviam chegado ao castelo de *Frequentia*, que fizera à *mens* e ao corpo um longo sermão a respeito de como o trabalho no jardim do *opus* deveria ser iniciado, a saber, por uma espécie de longo, persistente, paciente e regular exercício de realização daquilo em que foram instruídos anteriormente.

A imagem do jardineiro aparece com muita frequência na alquimia e o jardineiro mestre nos textos antigos é, em geral, o deus Saturno que, como sempre ocorria na Idade Média, aparece identificado com a ideia do planeta Saturno. Há, nos textos alquímicos, muitas gravuras antigas em madeira nas quais Saturno, sob o aspecto de um jardineiro ancião com uma perna de pau, cuida do jardim das assim chamadas planta do sol e planta da lua, ou onde as plantas, ou árvores, do sol e da lua crescem. Assim, nas associações de ideias dos medievais, Saturno significava uma espécie de atitude de resignação, de melancolia, de excessiva introversão, de se fechar em si mesmo, de estar excluído de todas as atividades externas, até mesmo dos sentimentos, e exprimindo ainda um estado de proximidade da frieza da morte e da depressão.

No texto de Dorn, não é Saturno, mas sim *Frequentia* – persistência ou perseverança – quem representa esse papel, o que dá à coisa toda um matiz levemente mais otimista, embora ainda muito associado às atitudes mencionadas acima. Também chegaremos prontamente à ideia de uma morte interior na parte seguinte do texto de Dorn, que lerei para vocês em seguida.

> Irriguem agora seu corpo com a água da vida, isto é, com o verbo de Deus. Façam-no dia e noite, e meditem sobre isso, de modo que o corpo não tenha tempo para falar ou pensar em mais nada. [Cristo também comparou o corpo com um jardim, na parábola do grão que, se cair sobre o solo e morrer, produzirá muitos frutos.] A terra boa é um coração suave, que é humilde e cheio de vergonha. Desde a queda de Adão, os corações dos homens tornaram-se duros como pedras, e se eles não se abrandarem novamente pela palavra de Deus, permanecerão como pedras

para sempre, e nos tornaremos todos inimigos de Deus, até que essa inimizade seja novamente superada por intermédio do jardineiro maior e de seu servo, a *mens*. Agradeçamos, portanto, a Deus que nos julgou dignos de ter nossos corações iluminados pela Sua luz e suavizados por Sua palavra. Vão agora, e tentem encontrar a virtude.

Esta é uma etapa da alquimia que se refere à assim chamada segunda morte, e é também um estágio que na alquimia oficial geralmente é chamado de *multiplicatio*, e também de *proiectio*. Chamo a atenção novamente para que não associem isso à terminologia junguiana. Geralmente é nessa fase que a pedra filosofal, depois de ter sido feita na retorta, precisa ser destruída repetidas vezes, após cada uma das quais ela é refeita; é uma espécie de completa repetição do verbo, e que geralmente é efetuada quatro vezes. A essa destruição repetida da pedra filosofal e sua reconstituição eles davam o nome de *rotatio*, uma rotação através dos quatro elementos. Terminado o processo, a retorta era geralmente quebrada ou aberta, e então iniciava-se o estágio da *multiplicatio* por meio da projeção.

A ideia é a de que a pedra filosofal, que é também uma forma do ouro místico que os alquimistas estavam tentando produzir, seja feita e em seguida atirada sobre outra matéria impura – isto é, outra matéria que não tenha sido incluída no processo, como o ferro comum, ou o chumbo comum, ou qualquer outro material. Ela exibe, então, uma qualidade transformativa, pois transforma esses outros materiais por meio da *proiectio*, projeção. Ela os transforma em ouro, e possui o que se poderia chamar de um efeito positivo e contagioso sobre os outros materiais. Se, como alquimista, você produziu um pedacinho desse ouro místico na retorta, então, ao abri-la, ele emana sobre outros materiais. Às vezes, ocorrem variantes, como na ideia de que você não produziu ouro sólido, mas sim líquido, ou ouro potável ou uma espécie de elixir, e neste caso o efeito da multiplicação está em curar outras pessoas e outras coisas. Essas variantes possuem, igualmente, essa espécie de efeito de emanação positivo e contagioso.

Esse estágio é também encontrado em certos exercícios de meditação oriental, particularmente no zen-budismo. Depois de se ter atingido o samadhi, a iluminação interior ou, diríamos, o contato com o *Self* ou a experiência do *Self*, surge então o problema de como seguir adiante na vida. Portanto, na famosa sequência de gravuras zen-budistas do pastoreio do boi, depois de o discípulo ter tido a grande experiência de transcendência e ter alcançado o samadhi, há uma última gravura na qual um velho sábio com uma espécie de insípido sorriso amistoso na face caminha com uma tigela de mendigar, acompanhado de seu chela, e o poema prossegue: "Ele se esqueceu dos deuses, ele se esqueceu até mesmo da sua iluminação. Com muita humildade, ele se dirige à praça do mercado para mendigar, mas, para onde quer que ele vá, as cerejeiras florescem".

Vejam aí o efeito de cura sobre as coisas externas, até mesmo sobre a natureza. É o retorno a um modo de vida ingênuo e inconsciente, pelo qual também se vive de novo de modo inocente dentro da realidade, sem nenhum esforço artificial para conter a emoção, a fantasia ou o pensamento, mas sim mantendo-os na retorta e, dessa forma, retornando aparentemente ao estágio inicial de inconsciência. É claro que não se trata realmente disso, mas sim de um nível mais elevado, que se manifesta indiretamente no fato de que o mestre zen nesse estágio atingiu a suavidade do coração e a capacidade para viver da maneira cuja melhor descrição talvez tenha sido a de Lao-Tsé: o estado de serenidade e tristeza no qual ele sente que é solitário enquanto todos os outros acreditam que sabem tudo, sabem o que querem e sabem o que pensam. Aqui, na *multiplicatio* alquímica, embora projetada na matéria, trata-se da mesma ideia, a saber, a *multiplicatio* é um retorno ao estágio inicial, uma ruptura da retorta, o que significaria interromper o exercício artificial de introversão e de introjeção das próprias projeções, permitindo assim que o inconsciente flua através da pessoa sem que se esteja autoconsciente permanentemente – uma inversão absoluta do estágio inicial daquilo que fazemos.

Por exemplo, na análise, quando as pessoas fazem projeções sobre o mundo exterior, ou se submetem ingenuamente aos seus sentimentos e afeições, tentamos fazê-las perceber que estão projetando: tentamos fazê-las retirar as projeções, e ver a coisa de maneira objetiva como um fator interior. Exatamente esse exercício é agora invertido, e se permite ao inconsciente fluir através da pessoa, e produzir assim esse efeito positivo sobre as vizinhanças. Dorn que, como sabem, era basicamente cristão, compara isso a uma suavização do coração e a uma preparação para receber o verbo de Deus, o que significaria uma realização sentimental da verdade cristã.

Dorn amplia esse problema do coração em seu famoso comentário sobre um texto de Paracelso intitulado *De vita longa*, sobre o qual Jung, por sua vez, comentou longamente no mais extenso de seus escritos sobre Paracelso. A essência do ensinamento ali representado vem de Paracelso, mas Dorn acrescentou um material muito esclarecedor. As associações que, provavelmente, Dorn estava cogitando eram as seguintes: tanto ele como Paracelso supunham que o coração era a sede do estímulo da emoção, dos sentimentos e da vida sentimental; é, portanto, como diz Paracelso, uma coisa muito inquieta. O coração é facilmente afetado, e de maneira constante influenciado, positiva ou negativamente, por experiências exteriores ou interiores. Com isso, ele se desgasta, o que leva, com muita frequência, a uma morte prematura em razão de alguma doença circulatória ou cardíaca. Portanto, pode-se dizer que se as pessoas se desgastam prematuramente, isto, com muita frequência, tem a ver com o excesso de sensações e emoções fora de controle, e tais pessoas sofrem de "doença do executivo", ou um infarto do coração.

O coração possui, falando de maneira simples, uma estrutura quaternária, ou ao menos eles o viam sob essa forma. Portanto, para os filósofos médicos daquela época, ele era um símbolo do *Self*, mas enquanto realização sentimental. Eles supunham que havia no coração certa quantidade de ar que tendia a escapar com violência causando assim morte súbita ou infarto do coração. Por isso, o exercício de meditação que propunham destinava-se a permitir que esse ar saísse do coração e a diminuir as reações sentimentais ou emocionais em relação a eventos externos, de modo que ele passasse a reagir de maneira plena, apenas, aos ritmos do *Self*. Numa linguagem alquímica muito complicada, há nesse texto um esforço para explicar uma técnica de recondicionamento do coração por meio da qual ele possa se acalmar e adquirir um ritmo tranquilo e regular; ele ainda teria reações sentimentais, mas apenas aquelas que se dirigiriam àquilo que chamaríamos de *Self*, e que eles, Paracelso e Dorn, descrevem como o *Adech* ou o *Anidus*, ou com outros nomes igualmente complicados.

Jung desenredou essa linguagem secreta para mostrar que eles efetivamente estavam falando do que agora chamaríamos de *Self*. *Adech*, por exemplo, é o homem eterno e tem tais associações. Esse recondicionamento do coração prolonga a vida das pessoas. Assim, se a certa altura da vida se puder fazer isso, a vida será prolongada. Tal era a teoria médica de Paracelso e de Dorn, e só posso dizer que penso que se a encararmos de um ponto de vista moderno, veremos que ela tem muito para nos dizer. Em nosso contexto, suavizar o coração e torná-lo menos rebelde implica associações semelhantes, ou seja, que o coração não tem essa espécie de dependência autônoma com relação ao ego e aos desejos e impulsos deste, mas que se torna desprendido e pacífico, com a função de sentimentos destacando-se das coisas externas e se abrindo ao verbo de Deus e a uma espécie de realização sentimental da doutrina cristã. Tal é a essência desse processo de jardinagem, e é também a resposta à última sentença do texto que li anteriormente, na qual tivemos um súbito e estranho salto de raciocínio, no qual a *mens* dizia que se deve eliminar todos os maus pensamentos, todas as inimizades e todas as más obras que não foram concebidos pelo corpo, mas sim pelo *animus*, por meio do exercício secreto de sua imaginação, mas que o corpo acaba executando.

Como se lembram, na última palestra eu lhes mostrei que tinha havido uma tremenda reviravolta, pois a ideia que prevalecia anteriormente era a de que o corpo era a sede do mal e de todos aqueles apetites incomensuráveis: o desejo de comer demais etc., e que a *mens* era a parte mais elevada e razoável da personalidade, que precisa submeter ou educar esse corpo rebelde. Em outras palavras, como eu disse, o que chamaríamos atualmente de sombra era projetado no homem físico, e então, de repente, eis que ouvimos que o corpo não concebe nenhum mal, que ele está perfeitamente em ordem e que é completamente inocente, e que há exercícios secretos de imaginação maligna, obviamente advindos do *animus*, que representaria a parte masculina da *mens*; é ele o outro parceiro que concebe o mal, e que faz com que o corpo o execute. Poder-se-ia dizer que agora foi retirada a projeção da sombra sobre o corpo, e que este retornou à sua inocência original; o problema do mal está agora dentro da *mens*, dentro daquela parte da personalidade que antes era descrita como sendo pura e como estando de acordo com a doutrina cristã. Eis por que agora, de repente, ele salta para a ideia de que a sede do mal é o coração.

Se acompanharem este raciocínio: *animus* e *anima* juntos fizeram a *mens*, e então havia o corpo, *corpus*, e a parte principal da imaginação ativa que li para vocês era a grande batalha travada entre *mens* e *corpus*; este último, que perdera a *anima*, a qual estava agora unida à *mens*, não quer juntar-se a esta; a *mens* implora ao *corpus* e eles fazem projeções um sobre o outro, e chamam-se mutuamente de loucos.

Nessa súbita mudança, o mal é deslocado para os exercícios do *animus*, é trazido de volta para a parte iluminada do parceiro, mas então é novamente projetado, e não permanece ali. Na verdade, a próxima pergunta a fazer seria: De onde vem esse mal que o *animus* possui em seus secretos exercícios de imaginação? Está agora novamente projetado sobre o coração. Mas entende-se o coração no sentido de órgão físico ou de órgão psicológico? Dorn fala dele de maneira ambígua. Portanto, o coração é aqui concebido como um novo objeto sobre o qual projeta-se a batalha, e que fica numa posição intermediária entre matéria e espírito, entre uma entidade espiritual e outra material; é ele a coisa intermediária em que agora tem lugar o conflito psicológico. Subsiste ainda, entretanto, essa ideia cristã de que o mal deve ser absolutamente banido e não integrado, de maneira que agora é do coração que ele deve ser descartado, o que significa que o endurecimento do coração, sua emotividade e suas reações de rebeldia precisam ser, de alguma forma, reeducados. Ocorre aqui o mesmo que vem acontecendo repetidas vezes na evolução da ciência em tempos recentes, ou seja, a psique inconsciente tem sido sempre projetada sobre alguma outra parte do corpo. Para Descartes, por exemplo, essa parte do corpo era a glândula pineal, e durante muito tempo houve o mito do cérebro, o qual, aliás, ainda vigora para um certo número de neurologistas, psiquiatras e psicólogos modernos, que projetam o inconsciente no cérebro; e assim, lentamente, a projeção vai se deslocando. As tribos mais primitivas em geral projetam a psique na gordura dos rins – as tribos de aborígines da Austrália, por exemplo – ao passo que certas tribos africanas a projetam na barriga, e para os índios norte-americanos a sede da psique é o coração, correspondendo assim ao mesmo estágio que estamos analisando, e então ela vai para a glândula pineal, e daí para o cérebro.

Dessa maneira, a projeção sempre cai em outra parte do corpo, e eis que estamos de volta ao estágio do coração, em que a projeção recomeça e tudo torna-se vago novamente. O corpo logo compreenderá isso, mas ele é um pouco lento e não chega imediatamente ao ponto. De modo que a *mens* prossegue com a sua pregação, dizendo que em todo tipo de arte, o que também inclui, naturalmente, a arte da alquimia, necessita-se daquilo que se pode chamar de exercício regular de autoeducação; isso explica por que somente muito poucas pessoas tenham alcançado a medicina geral, as quais, pela graça de Deus, transformaram-se inicialmente naquilo que estavam procurando. Isso significa que antes que possa encontrar a medicina universal que se está buscando nesse *opus*, é preciso que a própria pessoa se transforme nele.

O texto prossegue:

> Eles limparam seus corpos de todas as impurezas e removeram a nuvem do corpo natural. Portanto eu os advirto, estudantes desta grande arte, primeiro orem a Deus e em seguida estudem e trabalhem, e então talvez lhes aconteça que atinjam o que o doador da luz pode oferecer a vocês em nome de Cristo, mas antes reflitam bem sobre o que significa pedir ao Pai no Filho.

Há nesse trecho um conceito que se refere também a um longo passado histórico da simbologia, e que é o conceito de nuvem. Na alquimia, o símbolo da nuvem desempenha um enorme papel, pois a palavra "nuvem" era usada para designar qualquer tipo de substância sublimada ou evaporada. Quando se evapora um material numa retorta, a parte superior desta fica nublada e percebem-se vapores, e eram estes que eles muito provavelmente comparavam com as nuvens no céu, de modo que qualquer tipo de material sublimado no estágio da evaporação era chamado de nuvem, mas a isto eles também associavam a nuvem no sentido místico. Vocês provavelmente conhecem o texto místico medieval *A Nuvem do Desconhecimento*, escrito em círculos monásticos por um autor desconhecido que experimentou todo tipo de exercícios espirituais.

No mundo do misticismo cristão, a nuvem implicava que, à medida que o místico se aproximava cada vez mais da luz divina por meio de exercícios espirituais ou de meditação, a luz de Deus finalmente acabava aparecendo, não como uma grande iluminação, mas sim como um obscurecimento da luz humana e uma experiência de confusão e escuridão. Por outro lado, a nuvem também se achava sempre associada, na linguagem medieval, à confusão mental causada pelo diabo. Muitos desses textos são citados na obra *Aion* (procurem no índice), na qual Jung apresenta toda uma coleção que descreve o Polo Norte como um local de constantes nuvens sem sol; e nesse lugar nebuloso, no nevoeiro e nas nuvens do Polo Norte, mora o diabo, que dali sopra sua inconsciência perturbadora sobre o mundo todo. Como podem perceber, a nuvem é o que envolve Deus e o diabo – é, em outras palavras, o que envolve o símbolo do *Self* em seu aspecto de luz e de trevas – e isso corresponde a uma experiência que as pessoas não gostam de aceitar, mas à qual Jung repetidamente se referiu, a saber, que com o crescente progresso no processo de individuação, quanto mais profundamente dentro de si mesmas as pessoas se aproximarem do *Self*, mais confusa e mais complicada a situação se tornará. Ela não fica mais fácil.

Muitas vezes perguntamos a Jung se o processo de individuação era mais difícil no começo ou no fim, e ele respondia que era difícil em ambas as fases. No início, a dificuldade reside na inconsciência que se tem sobre a própria sombra, e sobre o próprio *animus* ou *anima*, e a maioria das pessoas sabe como se pode ficar torturado e confuso em razão desses problemas; mas essa forma de confusão lentamente se abranda. As tolices infantis com as quais a maioria dos seres humanos se tortura no início do processo gradualmente se desvanecem e, dessa maneira, o começo é o mais difícil, e a seguir as coisas se tornam mais fáceis, pois uma vez que se tenha realmente descoberto que não há progresso e não há solução sem esse procedimento muito simples de se encarar repetidamente o fator subjetivo de todos os distúrbios, e de tentar integrá-los nesse nível – uma vez que se tenha compreendido o cerne da coisa – grande parte das dificuldades externas e das tolices com as quais a pessoa vinha se torturando simplesmente desaparece. Assim, poder-se-ia esperar que o processo de individuação, embora terrível no começo, fosse aos poucos se tornando mais leve e satisfatório, em comparação com o que ocorre com os exercícios espirituais, que prometem parcialmente a mesma coisa, e também no simbolismo da alquimia (*nigredo, albedo, rubedo* e *citrinatis*), na busca de melhores e mais elevados estágios da situação interior.

No entanto, esta não é toda a verdade, embora eu não possa explicar por que é assim, mas na prática constata-se que quanto mais as pessoas trabalham neste caminho, mais sutis vão se tornando as indicações do inconsciente, e mais rigorosamente a pessoa é punida ou desviada do seu curso se cometer o mais leve engano. Nos estágios iniciais, a pessoa pode cometer os mais horríveis pecados de inconsciência e de estupidez sem ter de pagar muito por isso. A natureza não se vinga. Mas à medida que o trabalho progride ao longo dos anos, até mesmo um pequeno desvio, uma sugestão induzida por uma palavra inadequada, ou um fugaz pensamento errado podem ter as piores consequências psicossomáticas. É como se a pessoa se tornasse cada vez mais sutil, andando no fio da navalha. Qualquer *faux-pas* é uma catástrofe abissal, enquanto anteriormente podia-se afastar quilômetros do caminho certo sem que o inconsciente desfechasse uma bofetada ou se vingasse de alguma forma.

Naturalmente, trata-se de uma dificuldade crescente e com ela segue o fato de que as pessoas em estágio mais avançado no processo analítico têm sonhos que são mais difíceis de interpretar. No estágio inicial, o que os sonhos dizem às pessoas é óbvio. As próprias pessoas talvez não possam enxergá-lo, mas para o analista isso não representa nenhum esforço, está bem ali, bem visível. Mas à medida que o processo continua, mais os sonhos tornam-se aparentemente confusos ou paradoxais, ou sutis e muito complicados. Também os problemas, se se tenta interpretá-los no nível subjetivo ou no nível objetivo, tornam-se muito mais sutis. Por exemplo, as pessoas que já avançaram bastante por esse caminho sonham com mais frequência sobre situações objetivas externas. É como se elas tivessem limpado suas próprias psiques: isso não as incomoda mais, seus próprios problemas de sombra estão, por assim dizer, igualmente limpos. Então certos problemas do mundo, ou da situação do mundo, ou então problemas das vizinhanças objetivas tornam-se mais iminentes ou urgentes, de tal forma que, embora no início geralmente seja aconselhável considerar os sonhos no nível objetivo (isto é feito normalmente apenas como exceção), quanto mais o processo avança, mais outros problemas começam a importar. Isso torna muito difícil a situação, pois decidir se a interpretação de um sonho deve ser feita em nível subjetivo ou objetivo é uma questão de tato.

Ainda não descobrimos nenhum critério científico válido que nos autorize a dizer se um sonho aponta para alguma situação exterior que ainda não conhecemos, ou se ele é, por exemplo, uma previsão de acontecimentos futuros, com os quais a pessoa não deveria se preocupar uma vez que não dizem respeito à sua situação pessoal interior, ou se representa uma armadilha, devendo portanto ser encarado como um drama íntimo, como fazemos normal e habitualmente. Isso também se torna mais difícil. Sob esse aspecto, é realmente verdade que quanto mais perto se chega do *Self,* mais perigosa se torna a situação, e mais a pessoa se envolve numa nuvem de confusão. Desse modo, a nuvem, ou a remoção da nuvem, tem a ver com o esforço para penetrar nessa situação confusa.

Em nosso texto, a nuvem precisa, obviamente, ser de início removida do corpo natural, e isto se referiria ao estado de inconsciência no estágio inicial. Agora, em linguagem moderna, interpretaríamos isso como a retirada de projeções. Mas, como tenho dito, essa nuvem não desaparece simplesmente, ela apenas se desloca para outro domínio, e vocês perceberão que a *mens* logo fica completamente perdida nessa nuvem.

Chegamos a um pouquinho de imaginação ativa na forma de um novo diálogo. É chamado de diálogo no qual a *mens* e o corpo discursam um com o outro.

Mens: Você ouviu o que *Frequentia* disse?

Corpo: Sim.

Mens: Você gosta?

Corpo: Não especialmente.

Mens: Por quê?

Corpo: Bem, tudo isso é só um circo, mas eu não sei aonde se quer chegar.

Mens: Bem, o objetivo é sua própria felicidade.

Corpo: Bem, espero que sim.

Mens: Diga-me, sabe que há uma segunda vida depois desta?

Corpo: Sim, eu sei.

Mens: E que há também uma morte eterna?

Corpo: Sei disso também.

Mens: Portanto, você deveria viver neste mundo como se fosse viver para sempre.

Corpo: Bem, eu tento, como você bem pode ver.

Mens: Não, ao contrário, dia após dia você morre mais e mais.

Corpo: Você está louco.

Mens: Ouça bem: quem vive neste mundo, morre com o mundo, e apenas aqueles que vivem em Cristo morrem para o mundo.

Corpo: Quem pode compreender isso?

Mens: Por acaso você não leu nas escrituras que, se o grão não cair na terra e morrer, ele permanecerá só?

Corpo: O que tem isso a ver com a coisa toda?

Mens: Você é o grão que caiu na terra, pois você consiste em terra.

Corpo: Oh, mas acabei de ouvir a *Frequentia* dizer que o grão era a palavra de Deus.

[Vejam, a *mens* diz: "você é o grão", e o corpo diz que a *Frequentia* comparou a palavra de Deus com o grão!]

Mens: Bem, constato que você ouviu.

Corpo: Naturalmente.

Mens: Você não é um bom teólogo.

Corpo: Por favor, explique-se.

Mens: Se a palavra, que se compara ao grão, refere-se à palavra de Deus, então ela tem um significado ativo, ou seja, a palavra de Deus atinge o coração do homem e ali morre, mas isso também pode ser entendido no sentido passivo, isto é, a menos que o corpo e o coração humanos que foram semeados no solo (isto é, que se tornaram terrenos) sejam mortos e a seguir recebam o grão da palavra de Deus, eles não poderão ser transformados e produzir frutos. Ou, num sentido mais cristão, se o grão da palavra de Deus não for unido com o corpo morto, então ambos permanecerão separados e não darão frutos.

Corpo: Agora você começa a discutir até gramática. [Ativo e Passivo.]

Mens: Você ainda é rebelde, Corpo, e eu devo mantê-lo no caminho da virtude, mas agora chegamos a um outro lugar.

Aqui a discussão se dissocia por completo. Eles passam a falar de forma totalmente ilógica. A *mens* se enche de sofisticações teológicas, o corpo, muito oportunamente, aponta-lhe isso e a *mens* não lhe responde a não ser com repreensões. Eles estão animados por objetivos opostos, ambos completamente nas nuvens, ou confusos. Desse modo, vacilam sem chegar a nenhuma solução imediata, e batem às portas do castelo de *Virtus*, que é o quinto grau filosófico.

Virtus é a mesma palavra que em português significa "virtude", mas no século XVI ainda não tinha completamente esse sentido; além dele, os latinistas também reconhecem o radical *vir*, que significa "homem". *Virtus*, portanto, na linguagem do século XVI, também tem a ver com atividade masculina, eficiência, efetividade, por assim dizer. Nessa linguagem, pode-se ainda falar sobre a *virtus* de uma substância química, quando então ela significa apenas seus efeitos ativos. Ela possui a *virtus* de fazer isto ou aquilo, e isso significa justamente que ela tem um efeito ativo sobre outras coisas químicas. Devemos entender *virtus* nessa conotação.

Apresentarei a discussão sucintamente.

Mens: Por favor, abra suas portas sagradas.

Virtus: Quem é você? Quem é ele?

Mens: Dois discípulos da filosofia.

Virtus: O que desejam?

Mens: Aprender a virtude.

Virtus: Esta é uma coisa boa e que não pode ser recusada; mas quem foi seu professor anterior?

Mens: O Amor da Filosofia e *Frequentia*.

Virtus: Fico contente por terem começado com eles. Por que estão ingressando nesses estudos?

Mens: Para encontrar a verdade.

Virtus: Esta é a raiz e a mãe de tudo o que Deus criou, a descoberta da verdade. Mas o que querem agora?

Mens: Queremos praticá-la.

Virtus: Em direção a quem?

Mens: Em direção a Deus e ao próximo.

Virtus: Esta é uma boa intenção e espero que Deus permita que tenham êxito. Como se chamam?

Mens: Eu me chamo *Mens* e este camarada aqui é o Corpo.

Virtus: Como conseguiram esses nomes?

Mens: Obtive o meu nome do Amor Filosófico, mas o Corpo comumente é chamado dessa maneira.

Corpo: O que tem a ver a *Mens* com o Corpo?

Mens: Nada. Discordamos em todos os pontos.

Corpo: O que ouço?

Virtus: O corpo não quer deixar o mundo. Tudo aquilo que uma vez caiu no mundo afasta-se da salvação, e só pode ser trazido de volta com o maior esforço. Mas, por favor, entrem irmãos e verei o que posso fazer por vocês. Sente-se Corpo, coma e beba enquanto vou alimentar a *Mens* em separado.

Segue-se então outra prece, feita por *Virtus*, para que Deus possa auxiliar no trabalho, após a qual *Virtus* acrescenta uma Polêmica contra a separação que existe entre teologia e *virtus*; em outras palavras, contra a teorização intelectual que iria separar a imagem de Deus da *virtus*, constituindo-se esta última nas obrigações e no comportamento éticos. Ele insiste em que a verdade do que a pessoa pensa e a verdade de como a pessoa age devem permanecer uma coisa só, argumentando contra esta bem-conhecida divisão em que o intelecto pensa uma coisa enquanto as obrigações éticas e morais são escritas e colocadas em outra gaveta.

Para nós, esse é um problema mais ou menos evidente por si mesmo que, portanto, não se diferencia do que qualquer escritor moderno poderia dizer. Todos nós sabemos que a maioria das pessoas, ou pelo menos muitas delas, possui o que se chama de psicologia compartimentalizada: quando escrevem ou leem livros, ou quando escrevem um trabalho ou, por exemplo, se forem pastores, quando estão orando, todas essas pessoas "ligam" certa parte de sua personalidade, e quando se trata do seu comportamento em casa ou em sua vida prática, "ligam" outra parte. A maioria das pessoas possui esses compartimentos de maneira inconsciente. Se alguém tenta cutucá-los citando o que disseram cinco minutos antes, elas começam a trapacear, ou a mudar de assunto, ou a demonstrar um afeto, o que indica que – por exemplo, na análise – confrontar as pessoas com sua psicologia compartimentalizada geralmente acaba numa enorme explosão emocional. Esses compartimentos são impermeáveis e isolados, e se você tentar abrir uma porta que os comunica ocorre, em geral, uma confusão terrível e uma luta desesperada para não encarar o problema. Dorn, que naturalmente tinha o mesmo problema que nós, discute o assunto. Mas, como não se trata de um problema alquímico, vou saltá-lo e continuar.

Dorn então prossegue:

> Em todas as coisas naturais [para ele, coisas naturais significam materiais químicos] há certa verdade que não se pode ver com os olhos físicos, mas apenas com a *mens*. Esta é uma experiência dos filósofos, e eles, ao mesmo tempo, verificaram experimentalmente que existe uma *virtus* que pode produzir milagres. Portanto, não se deveria ficar espantado ao ver pessoas que têm grande fé realizar milagres, e até mesmo submeter a matéria inorgânica à sua *virtus*.

Também essa ideia tem uma longa, longa história. Ela penetrou no mundo ocidental por meio da assim chamada filosofia de Avicena, o grande teólogo islâmico árabe Ibn Sina, que era também um tanto místico. Ele, assim como a maioria dos sábios islâmicos, acreditava na possibilidade de realizar milagres por meio da magia. Ele acreditava em coisas tais como geomancia, astrologia, piromancia e assim por diante. Sabemos que Dorn também acreditava em todos os tipos de procedimentos mágicos, os quais, sendo originários da mais longínqua antiguidade, continuavam vivos no mundo árabe, e retornaram ao mundo científico ocidental nos séculos X, XI e XII.

Avicena, em seu livro sobre a alma (que foi parcialmente traduzido para o latim no século XI), deu a seguinte explicação sobre a magia: Deus, e isso é evidente por si mesmo, é capaz de realizar milagres *contra naturam*. Ele pode iniciar ou interromper um incêndio, ou curar uma doença incurável, ou fazer qualquer outra coisa. Para o povo islâmico, isto é óbvio. Alá pode fazer qualquer coisa. Mas, de acordo com a teoria de Avicena, se num estado de meditação ou de exaltação interior uma personalidade com dotes de magia consegue aproximar-se, em êxtase, dessa capacidade mágica criativa do Ente Supremo, então ela, por assim dizer, a compartilha com Deus; e se, então, nesse estágio, ela deseja uma coisa ardentemente, essa coisa irrompe na natureza exterior como um milagre. Esse ensinamento foi assimilado por Santo Alberto Magno e a seguir difundido, por toda a filosofia natural do Ocidente.

É óbvio que isso se refere àquilo que chamaríamos de eventos sincronísticos. Nós também temos vivenciado esse fato: sempre que um arquétipo é intensamente constelado no inconsciente de alguém, podem ocorrer eventos sincronísticos exteriores que se ajustam à situação interior. Mas nós não chamaríamos isso, como faz Avicena, de contato extático com o poder criativo da Divindade, pois os eventos sincronísticos ocorrem, como mostrou Jung em seu trabalho sobre a sincronicidade, não apenas com pessoas que se acham nesse estágio místico, mas eles também ocorrem geralmente quando há uma grande tensão emocional, produzida pela constelação de um arquétipo.

Sempre que um arquétipo é constelado no material psíquico de alguém, ocorre uma grande emoção consciente, e por vezes inconsciente, que é observável por quem a presencia. Em tais situações, acontecem os mais frequentes agrupamentos de eventos sincronísticos. Eis por que até mesmo psiquiatras que não estão muito interessados na concepção de Jung sobre a sincronicidade têm observado que os eventos sincronísticos ocorrem com muita frequência nas vizinhanças e no momento da irrupção de um episódio psicótico, o que significa que algum contato arquetípico inconsciente está constelado até o ponto de ruptura, de tal maneira que o complexo do ego explode.

Fiquei profundamente impressionada com a primeira experiência que tive com isso há cerca de trinta anos. Eu estava dando uma palestra numa pequena cidade de um país estrangeiro, e após terminá-la fiquei absolutamente absorvida e penalizada por um homem que, obviamente, era um esquizofrênico, embora fosse também um artista inteligente e superdotado. Discuti com ele os mais diversos assuntos. Depois disso, nunca mais ouvi falar dele exceto, creio eu, por algumas cartas malucas que nunca respondi, até que, cerca de meio ano depois, recebi um telegrama:

"Por favor, por favor, ajude-me, eu sou duplo", e seu nome. Como isso ocorreu durante meus anos de estudante, eu dispunha de tempo, e como havia um tom de súplica tão desesperado em seu telegrama e a cidade em que morava não era muito distante, tomei um trem para lá. Quando cheguei ao apartamento, descobri que ele estava no asilo local, e então fui para lá.

Ele ficou muito contente em me ver, já estava se recuperando e tivemos uma conversa muito boa. Contou-me algo tão surpreendente que, incrédula, indaguei à sua esposa, que o confirmou. Ele tivera uma megalomania religiosa messiânica, e estava convencido de que salvaria o mundo, e isso crescia gradualmente. Este era o arquétipo constelado, e ele se tornou cada vez mais identificado com o novo Cristo de sua era, até que, por fim, ele se aborreceu tanto com o *animus* de sua esposa – que se recusava a acreditar que ele fosse Cristo – que tomou de um machado e disse a ela que havia um demônio sentado em seu cérebro, e que ele só poderia exorcizá-lo se a golpeasse e abrisse sua cabeça. Imediatamente, ela chamou um médico, que por sua vez notificou a polícia. Assim, um médico e dois policiais foram ao apartamento para impedi-lo de abrir a cabeça da mulher. Havia um corredor através do qual se chegava ao apartamento e no momento em que os policiais e o médico entraram o homem estava delirando no corredor, e dizia: "Sou agora o Cristo crucificado", e – Bum! – uma enorme lâmpada, um candelabro de vidro que eles traziam e que praticamente iluminava todo o apartamento, arrebentou-se e todos ficaram no escuro, entre milhares de estilhaços: andaram às apalpadelas até que conseguiram prosseguir seu trabalho e levar o homem para o asilo.

Este é um evento sincronístico. Este homem sentia, até mesmo no asilo onde me contou a história, que aquilo era uma prova de que ele era realmente Cristo, pois quando Cristo foi crucificado as luzes do sol e da lua se apagaram! A luz apagou-se quando Cristo foi agarrado pelas forças do mal! Por outro lado, você poderia entendê-lo não como a luz do sol, mas como uma lâmpada, e a lâmpada significaria a luz do ego: o apagar da luz foi um acompanhamento sincronístico e simbólico da explosão de seu ego, com a lâmpada representando sua consciência do ego. Mas ele o interpretava – o que é típico na loucura – no contexto de sua própria loucura.

É uma coisa trágica que se observa com muita frequência nesse estágio, e que mais tarde eu mesma vi na explosão de episódios psicóticos, a saber, que esses eventos sincronísticos confirmam o louco em sua loucura, pois eles lhe soam ingenuamente como uma prova de que está certo. Até mesmo o mundo exterior começa a se comportar de acordo com o mito arquetípico no qual os loucos são engolidos. Assim, ao interpretar esses eventos no contexto arquetípico com o qual estão identificados, eles os sentem como uma confirmação que atua como um reforço trágico na destruição da consciência do ego.

Este é apenas um exemplo a nos mostrar que, efetivamente, uma espécie de êxtase emocional, ou melhor, uma possessão emocional por um arquétipo, é acompanhada de uma maior frequência de eventos de natureza sincronística. Isso também acontece com frequência quando a pessoa está emocionalmente tomada por algum processo criativo, que é sempre próximo do estado de loucura; trata-se, justamente, da versão "positiva" da loucura, e também aí eventos sincronísticos muitas vezes se aglomeram.

Há outras situações, mas a relativa frequência com que ocorrem eventos sincronísticos em tais casos naturalmente já tinha sido observada no passado, pois as pessoas tinham as mesmas experiências. Mas elas as interpretavam não como o fazemos hoje, como sincronicidade, mas sim como magia. Desse modo, na Idade Média o exemplo que lhes apresentei teria sido interpretado no sentido de que esse homem teria se aproximado da criatividade de Deus e, portanto, estaria agora partilhando da capacidade de Deus para conseguir explodir. Devido à divisão da imagem divina no cristianismo, a outra ala na Idade Média teria dito que isso aconteceu porque ele se aproximou do diabo. Em outras palavras, onde teríamos de decidir se devemos chamá-la de ocorrência patológica ou de evento sincronístico em torno de um processo criativo, naquela época ter-se-ia dito que se tratava de Deus em ambos os casos, seja o Deus de baixo, seja o Deus de cima, o Deus cristão ou o Diabo; se as sincronicidades não se ajustavam à visão de mundo geral, então tratava-se de obra do diabo, e se elas se ajustavam, tratava-se de obra de Deus.

Muitas teorias medievais sobre as atividades dos santos e dos curadores cristãos e a respeito de sua capacidade de realizar milagres eram explicadas teologicamente pela teoria de Avicena.

Dorn ainda tinha a mesma ideia, mas no sentido dos santos cristãos; ele nunca se preocupou muito com o problema do diabo; praticamente, ele o ignorou. De modo que aqui, em sua visão cristã otimista, ele pensa que também o alquimista, por intermédio da *virtus*, pode se colocar em contato com o potencial criativo da Divindade e realizar milagres, algo em que muitos alquimistas acreditavam. Eles iam, cada vez mais, descobrindo que seus esforços científicos naturais puramente químicos não os ajudavam a produzir ouro, e então recorreram à ideia de que isso poderia ser conseguido por meio de um milagre.

A observação de São Tomás de Aquino ao afirmar que a alquimia não pertence às ciências naturais, mas é uma obra sobrenatural semelhante à realização de milagres poderia ser identicamente formulada com relação a muitas outras tradições medievais. No entanto, é interessante que Dorn acredite que o milagre não depende apenas de contactar a criatividade da Divindade, mas também do fato de que a mesma verdade que existe em Deus existe também nas coisas. O vidro deste copo, por exemplo, a despeito de ser um material exteriormente frágil e de suas outras qualidades, teria, em sua essência, algo do potencial criativo da Divindade e partilharia de um mistério divino que não se pode ver. Exteriormente, trata-se apenas de um copo de vidro comum, mas você pode vê-lo com seus olhos mentais, e por meio disso estabelecer o contato mágico que poderia fazê-lo voar até o teto ou realizar algum outro ato miraculoso. Você o faz ao olhar mentalmente para dentro daquilo que está além da matéria.

Dorn, então, continua:

O corpo é uma prisão por meio da qual a [atividade da] *virtus* [no sentido de eficiência mágica da alma] é obstruída e por meio da qual o espírito das coisas naturais [isto é, o espírito que estaria neste vidro] não consegue se manifestar. [Assim, minha alma é embaraçada pelo meu corpo, e a alma deste vidro, por assim dizer, é embaraçada pelo seu corpo. Se libertarmos a ambas ao mesmo tempo, então elas se encontrarão e poderemos realizar milagres.] O espírito nas coisas é algo paralelo à fé religiosa de um ser humano. As pessoas acreditam que se secarem uma cobra venenosa morta e a colocarem sobre uma ferida, ela atrairá magneticamente o veneno. [Ele quer dizer que ele, Dorn, acredita nisso, mas o que ele afirma é que isso comprova que se pode sempre curar por similaridade, pois uma cobra venenosa pulverizada pode ser usada para extrair veneno – isso fazia parte da medicina do seu tempo.] Muitas pessoas usam cobras venenosas para extrair o veneno do corpo, mas não se perguntam o *porquê* disso; elas não têm nenhuma teoria para o caso; apenas sabem que isso ajuda, e portanto o fazem, mas o alquimista quer saber por que isso acontece.

Percebam o raciocínio um tanto confuso que há por trás disso. Dorn pensa que, por exemplo, se eu tiver uma cobra venenosa pulverizada por meio da qual eu possa extrair o veneno, então o espírito-do-veneno que há no corpo da cobra atua no espírito-do-veneno que há no meu corpo; e como o semelhante sempre atrai o semelhante, esse veneno pode ser utilizado dessa maneira. Esta era a ideia que dominava a profissão médica no século XVI e que, como podem naturalmente perceber, tem uma boa dose de verdade. A partir disso eles deduziram a ideia de que aquilo que no mais íntimo da personalidade do homem é sua fé ou seu relacionamento com Deus, existe também como um mistério espiritual nas coisas. Se ambos puderem se tocar e se libertar, então ambos entrarão em sincronia.

> O alquimista sempre investiga almejando descobrir de que parte do Céu vem alguma coisa, e então investiga a anatomia da grande criatura [isto é, o universo] de maneira a compará-la com a pequena, o microcosmo. Isso pode ser feito com quatro instrumentos: geomancia, para problemas terrestres, hidromancia para problemas que tenham a ver com a água, piromancia para problemas que tenham a ver com o fogo, e astronomia para o que tem a ver com as virtudes celestes, no duplo sentido da palavra.

Eis que temos agora essa estranha e interessante ideia de que a fé religiosa que há dentro da parte desconhecida da personalidade coincide com um espírito que há nas coisas materiais, e que, se ambos forem libertos, podem ser realizados milagres. Para investigar isso mais a fundo, deve-se utilizar quatro técnicas divinatórias, pois sempre se investiga a anatomia do macrocosmo em comparação com o microcosmo.

Esta é, num esboço muito sumário, toda a filosofia da Idade Média, sobre a qual vocês podem descobrir muito se relerem o trabalho de Jung sobre a sincronicidade. Ele dedica vários capítulos ao estudo das formas por meio das quais o conceito arquetípico de sincronicidade foi previamente percebido. O que Jung decidiu chamar de sincronicidade (e assim a libertando dessa ideia obscura de uma causalidade mágica) foi concebido no passado, antes de ser completamente descartado no fim do século XVII, como sendo uma correspondência: a doutrina da *correspondentia* entre o microcosmo e o macrocosmo. Esta é, de certa forma, a base arcaica de todas as realizações mágicas da humanidade. Por exemplo, tudo tem sua analogia, e uma analogia não consiste apenas no que chamaríamos agora de paralelismo de forma, mas possui também um elo secreto de eficácia. Por exemplo, na magia africana para atrair chuva, a maneira mais frequente de fazer chuva consiste em derramar água de uma cabaça enquanto são efetuados certos encantamentos e orações, acompanhados por certas danças. Então, começa a chover.

Em outras palavras, 85% de todas as atividades mágicas são repetições, em pequena escala, de algo que ocorre simultaneamente na grande escala cósmica. Se isso é realizado com a atitude psicológica adequada, há então um paralelismo entre o que o microcosmo (homem) faz, e o que acontece no macrocosmo, isto é, em todo o universo circunvizinho. Encantamentos de fertilidade, de chuva, e todas essas coisas, baseiam-se sempre nessa ideia. Uma das crenças mais frequentes entre as populações primitivas é a de que se o homem e sua esposa copularem no campo, isso trará fertilidade, pois o que o homem faz é imitado pela natureza e, ao contrário, o homem imita a natureza, e dessa forma a encoraja a fazer aquilo que ela, de qualquer maneira, desejava fazer. Na ideia mágica, nesse conceito "primitivo" do mundo, há uma tal unidade entre o interior e o exterior, e entre o homem e o universo que o cerca, que eles exercem, um sobre o outro, um efeito mágico natural, de modo que é possível começar por qualquer um dos lados. Esta era uma ideia que ainda existia no século XVI.

Eu lhes disse anteriormente que quando os astrólogos descobriam que alguém tinha um horóscopo negativo, eles faziam uma contramagia química visando abrandar a constelação macrocósmica. Giordano Bruno, por exemplo, defendia a ideia de que a astrologia e as constelações astrológicas afetam as coisas na terra, e vice-versa. Portanto, se se preparassem as corretas constelações de substâncias, ou os desenhos apropriados das constelações astrológicas num papel, isso também afetaria as estrelas. Foi essa mesma ideia que fez com que o papa requisitasse uma atividade contra-horoscópica que agisse contra sua má configuração astral: se o efeito funciona nesse sentido também deve funcionar no sentido oposto; se o macrocosmo nos afeta com sua constelação, isso deve funcionar igualmente no sentido inverso.

Paracelso, o professor de Dorn, também acreditava nisso, mas com uma ligeira diferença. Ele não pensava que as constelações astrológicas afetavam diretamente o corpo, mas acreditava que dentro do homem havia uma espécie de imagem do firmamento com suas estrelas, e que as constelações do firmamento exterior afetavam esse firmamento interior. Por exemplo, a posição de Vênus no céu afeta a posição do meu planeta Vênus interior, o que por sua vez afeta o meu bem-estar físico, para o melhor ou para o pior. Então ele tinha um estágio intermediário, a saber, a ideia do cosmos ou firmamento interior e de sua reconstelação, e poderíamos dizer que este foi um interessante início do processo de "retirada de projeções". Diríamos hoje, de um ponto de vista psicológico, que na astrologia os conteúdos do inconsciente coletivo são projetados nas constelações do céu, e de lá a projeção começa a retroceder.

Paracelso acreditava que a eficiência decisiva provém das constelações das estrelas, mas que tal coisa também ocorre dentro do homem. A projeção já se acha, dessa maneira, retirada em direção ao homem, que possui uma constelação astrológica interior. Diríamos que o ser humano tem dentro de si uma constelação de arquétipos, e é por meio dela que ele é afetado, de modo que há aqui uma divisão e um descarte. Em geral, quando uma projeção retorna, ela de início divide-se em duas partes, das quais uma é integrada e a outra descartada, mas nesse sistema incipiente tem-se apenas esse estágio, onde o inconsciente coletivo nas estrelas retorna parcialmente como alguma coisa no homem, e através dele pode-se entrar em contato com diferentes técnicas de magia. Paracelso, por exemplo, praticava efetivamente a geomancia para fazer descobertas a respeito das coisas terrestres.

Vocês podem saber algo sobre geomancia, pois Jung esteve bastante interessado nela durante algum tempo. Você pega um lápis e faz uma série de pontos ao acaso, sem contá-los. Ou faz como Jung, que usava um método diferente: ele tirava de dentro de uma sacola um punhado de pequenos pedregulhos. A ideia é obter, totalmente ao acaso, várias unidades que então se conta aos pares: terminada a contagem, sempre sobra um ou dois pontos ou pedregulhos. Repete-se essa operação por dezesseis vezes e, desse modo, constroem-se figuras. Digamos que na primeira vez sobrou um ponto; na segunda vez e na terceira vez, dois pontos; na quarta, apenas um: isto dá uma figura chamada *carcer*, prisão. Há várias figuras possíveis. Outra figura chama-se *puer*, rapaz, e assim por diante.

Todas essas combinações têm nomes e, de início, constrói-se quatro delas. A seguir, você as rearranja em diferentes permutações matemáticas; por exemplo, tomam-se todas as superiores das quatro primeiras, e essas quatro figuras resultantes são chamadas de mães, as próximas são as filhas, e das filhas você obtém os sobrinhos, e dos sobrinhos você faz um juiz, duas testemunhas e um subjuíz, e isto dá o resultado final. Essas figuras têm exata semelhança com uma constelação astrológica, e possuem um significado simbólico. A prisão pertence a Saturno, e significa melancolia, hospital, doença; inclui todas as associações astrológicas de Saturno. As outras diferentes figuras têm diferentes conotações arquetípicas.

Com essas figuras, você faz um mapa astrológico, e é por isso que eles também chamam a geomancia de astrologia terrestre, pois em vez de utilizar as constelações superiores, celestes, você mesmo faz a constelação com pontos ou pedregulhos, e então a coloca num mapa astrológico, e o lê como se de fato ele o fosse, ou como um horóscopo de passagem. A seguir, tal como na astrologia, você procura nos livros o que significa *carcer* na primeira ou terceira casa, e assim por diante. Esta é a técnica divinatória da geomancia, muito praticada naquela época.

Na hidromancia, olha-se para dentro de uma tigela com água para uma adivinhação direta. Baseia-se numa espécie de inspiração, como a cristalomancia, ou a observação de folhas de chá ou da borra de café. Não sei exatamente como era praticada a piromancia, mas sei que tinha algo a ver com olhar dentro do fogo, embora não saiba dizer-lhes exatamente. Há diferentes possibilidades. Você queima alguma coisa e a seguir olha as rachaduras produzidas (isto seria semelhante ao oráculo chinês do casco da tartaruga), ou então olha para dentro das chamas.

Observação de um ouvinte: "Os esquimós do norte do Canadá olham as rachaduras produzidas num osso que eles colocam no fogo".

Sim, e o mais antigo oráculo chinês, mais antigo que o *I Ching*, consistia em esquentar uma casca de tartaruga no fogo e, em seguida, ler suas rachaduras.

No cantão de Uri, na Suíça, conheço um lugarejo onde a igreja e o cemitério ficam nas margens opostas de um pequeno rio e chega-se ao cemitério cruzando um caminho e uma ponte. Todos os funerais têm de percorrer esse caminho, e as pessoas, ao seguir ao lado ou atrás do caixão, sempre olham para as rachaduras nele existentes e a partir disso podem dizer quem será o próximo.

Padrões irregulares de rachaduras são frequentemente usados para trazer à tona o conhecimento do inconsciente. *Bleigiessen* (chumbo fundido) também é a mesma coisa. Para mim, essas coisas têm algo a ver com um efeito catalisador. Eu não acredito que as rachaduras efetivamente predigam alguma coisa, mas sim que o nosso inconsciente sabe. Por exemplo, nesse grupo de pessoas, seus inconscientes sabem, graças ao conhecimento absoluto do inconsciente, quem será o próximo a morrer, mas eles não podem trazer isso à tona diretamente. Eles têm de olhar para os confusos padrões de rachaduras que catalisam a projeção.

Cheguei a essa conclusão depois de visitar um famoso quiromante que lia as linhas da mão, que é também um padrão irregular de linhas e rugas. Este homem teve um grande desempenho, e fez tudo de forma muito científica. Você tinha de colocar as mãos numa quantidade de cera, e pressionar para obter uma impressão. Ele escreveu um livro sobre seu método, que parecia ser um procedimento muito científico, mas aquilo não me "cheirava bem". Assim, quando ele terminou, eu o martelei com perguntas, querendo saber se realmente tudo estava escrito nas linhas. Para meu espanto, ele respondeu: "Não, de forma alguma!".

(Embora ele tivesse até escrito um livro sobre o assunto!) Ele disse: "Quando alguém me procura, mal entra na sala e já sei tudo sobre ele. [Ele era uma pessoa do tipo sensitivo, mediúnico, e quase fronteiriço.] Eu simplesmente sei, mas não consigo trazer isso à tona, não consigo formular, e assim eu uso as linhas da mão como um catalisador. Eu finjo olhar para essas linhas e então aquilo que sei se catalisa ou então é projetado sobre elas. Eu leio a partir das linhas, mas, na verdade, eu já sabia tudo desde o momento em que a pessoa entrou na sala". Penso que é por isso que nas técnicas divinatórias mais primitivas existe a ideia de criar um padrão caótico de onde se possa ler aquilo que já se sabe.

Na África, há uma prática muito difundida: depois de comer uma galinha, você pega os ossos e os atira ao acaso, formando um padrão confuso; de acordo com a maneira como eles caíram, você lê a situação.

Observação: "É exatamente a mesma técnica que se usa quando se pinta a partir do inconsciente."

Sim, e é também a técnica do teste de Rorschach. Mostra-se uma porção de pontos de padrões irregulares às pessoas e elas leem dessa maneira o que está no inconsciente. Há muitos desses testes, e o teste de Rorschach é obviamente um deles. É uma espécie de truque catalisador para trazer à tona aquilo que o inconsciente já sabe.

Observação: "E quanto ao oráculo de veneno dos Azande, utilizando frangos? Eles dão veneno aos frangos e se estes morrerem é sinal de que o homem cometeu o assassinato, caso contrário, é inocente. Eles repetem isso diversas vezes para ter certeza de que o oráculo está efetivamente falando."

Sim, mas esta é outra técnica. Ela seria uma técnica do mesmo tipo que a de fazer a pessoa andar sobre o fogo: se queimar os pés a pessoa é culpada, caso contrário é inocente. Isso não tem nada a ver com o tipo de adivinhação de que estamos falando – também uma questão de adivinhação nesse sentido é uma questão de ser ou não culpado, uma questão do tipo sim ou não. Portanto, eu não a compararia com as técnicas daquele tipo, pois elas são lúdicas.

Posso explicar minha ideia da seguinte forma, embora isso não caiba bem aqui, e eu não deseje deter-me demais no assunto pois se trata de uma digressão: no apêndice do livro de Portmann sobre os animais como seres sociais, ele discute um fato muito intrigante. Infelizmente eu não me lembro com exatidão de qual era o problema – mas um pesquisador estava tentando descobrir a capacidade de aprendizagem dos ratos. Eles tinham que arrastar-se ao longo de vários tipos de labirintos para achar sua comida. O experimentador convenceu-se de que os ratos podiam aprender, e eles executaram a tarefa com 100% de desempenho; assim, ele publicou os resultados fatuais absolutos de seus experimentos. Mas outro experimentador não acreditou, e deu o mesmo tipo de labirinto para os mesmos ratos, e eles não conseguiram realizar a mesma tarefa; pelo contrário, tornaram-se completamente estúpidos.

Um problema atual e muito discutido nos círculos de zoologia é o de se saber se, na relação entre o experimentador e seu objeto de estudo, a sugestão desempenha algum papel. Se for verdade que nossas expectativas inconscientes exercem efeito no comportamento dos animais, como se pode efetuar experimentos objetivos? Portmann simplesmente não adota nenhuma posição: publica ambos os resultados e encolhe os ombros. Se for verdade que os animais podem ser afetados – e eu acredito que possam –, então imaginem todo um vilarejo em excitação emocional arquetípica, agachando-se em volta de uma galinha semienvenenada para decidir se João ou José deve ser executado! Isso constelaria uma tremenda tensão emocional coletiva e poderia afetar o comportamento do animal, uma vez que até mesmo a simples crença de um único pesquisador pode fazer com que ratos – que não são nem mesmo envenenados – se tornem mais inteligentes ou mais estúpidos.

Observação: "Li recentemente que Los Angeles aboliu a prática do check-up nas escolas para crianças com deficiência intelectual ou superdotadas, uma vez que as pesquisas têm demonstrado que nas salas de aula os professores identificam-se muito intimamente com as crianças. Por exemplo, se o professor está convencido de que as crianças têm pouca capacidade de aprendizagem, então elas efetivamente aprendem pouco, e assim por diante. A cidade de Los Angeles abandonou a prática."

Sim, e acredito que mais uma porção de testes e experiências desse tipo terá de ser abandonada, pois eles não são nada objetivos. A crença emocional do experimentador desempenha um enorme papel.

Jung acreditava que as constelações astrológicas deveriam estar estatisticamente acima da média, e elas de fato o estavam, numa proporção absolutamente surpreendente. Mas então ele se sentiu inquieto e começou a se indagar se era realmente objetivo: sentado, em Bollingen, ele olhava para as pedras de sua torre – elas eram polidas irregularmente – e enquanto a luz do sol brilhava através das folhas ele viu, de repente, uma face que ria para ele de uma pedra. (E vocês sabem que mais tarde ele tomou um cinzel e a esculpiu; vocês podem vê-la, é uma face sorridente.) Então ele sentiu-se ainda mais intranquilo e supôs que Mercúrio, o deus travesso, lhe tinha pregado uma peça, a despeito de sua maravilhosa prova estatística! Ele tentou repetir a experiência, desta vez sem nenhuma convicção pessoal, e as estatísticas demonstraram exatamente o contrário! Portanto, até mesmo a estatística pode pregar peças. Ele publicou tudo isso em seu trabalho sobre a sincronicidade. Mas embora as pessoas o leiam, elas não compreendem o que isso significa.

Certa vez, eu estava fazendo uma palestra no CERN, o centro nuclear de Genebra, na Suíça. Quando me referi à sincronicidade houve gargalhadas, e aqueles famosos físicos disseram: "Oh, conhecemos isso muito bem: nosso computador responde sempre rigorosamente como esperamos que ele responda. Se acreditamos numa teoria errada e estamos envolvidos emocionalmente, o computador faz exatamente como esperamos que faça; e então um colega, que não acredita nessa teoria, usa o computador por algumas poucas horas e obtém um resultado completamente diferente". Eles explodiram em gargalhadas. Mas quando tentei aquietá-los, dizendo: "Bem, cavalheiros, por favor, considerem essa experiência com seriedade", Weisskopf disse: "Oh, isso é tudo bobagem, sincronicidade, é tudo besteira", mas com uma afetação de pessoa perturbada.

Eles admitem a experiência, mas não a levam cientificamente a sério, pois isso desmorona toda a sua *Weltanschauung*. A despeito de suas experiências, eles não admitirão a verdade. Foi grotesco, pois a princípio eles riram e disseram que sabiam que o computador fazia aquilo, e a seguir disseram que era bobagem.

Isso também é psicologia compartimentalizada, mas vejam que todos esses procedimentos divinatórios se baseiam na ideia de sincronicidade, ou na sua antecessora, a causalidade mágica. Dorn acreditava nisso, e era isso o que, em última análise, ele entendia por *virtus*, ou virtude: a possibilidade de que a psique de um ser humano que se tornou consciente seja capaz de realizar milagres.

6ª Palestra

VIR UNUS/ UNUS MUNDUS

Em minha última palestra, citei uma passagem em que Dorn fala sobre a possibilidade de uma inspeção e de uma introspecção mais teóricas da situação como um todo. Ele traça uma distinção, de um lado, entre médicos e alquimistas que, por exemplo, usam o corpo de cobras venenosas para extrair o veneno do sangue de uma ferida, mas que não pensam sobre o assunto e, de outro lado, pessoas que examinam, como ele diz, a anatomia do microcosmo, sendo isso o que ele entende por uma espécie de concepção teórica geral. Para a aquisição de tais informações, ele menciona quatro tipos de adivinhação. Portanto, para ele, tais artes fornecem uma possibilidade de compreender as mais amplas conexões entre as coisas.

Dorn prossegue:

> Portanto, a pessoa deve sempre começar com ela mesma o exercício da frequência. A *mens* precisa, dessa maneira, aprender a ser caridosa para com o próprio corpo e a restringir seus impulsos errados. [Percebam agora a regressão: de repente, mais uma vez, é o corpo que tem impulsos errados. Antes era a mente, mas quando o problema do mal é abordado, ele começa a "tirar o corpo fora".] A *mens* precisa restringir os desejos errados do corpo de maneira a que ele possa servir à *mens* em tudo, e então, com a *mens*, ele terá de beber do poço da virtude, quando *mens* e corpo tornar-se-ão um só e terão paz nessa união. Venha, pois, Corpo, a este poço, para que possas dele beber com a *mens*, e depois, não ter mais sede. Ó maravilhoso efeito o deste poço, que faz de dois um só e traz a paz a inimigos! O poço do amor, logrou êxito em criar do *spiritus* e *anima* uma *mens* única, mas este poço pode fazer mais, e criar, com a *mens* e o corpo, o homem único.

Vem a seguir uma oração de agradecimento pelo fato de agora ter surgido o homem único, ou homem interior, produzido pelo beber juntos do poço do amor. É deveras surpreendente! *Spiritus* e *anima* juntos fizeram a *mens*, e então ocorreu a grande divisão e conflito com o *corpus*. Vocês se recordam de como foi difícil juntar esses dois, e durante quanto tempo eles batalharam, e eis que agora, em rápida mudança, eles são apresentados a beber juntos do poço do amor e a se tornar um só.

O resultado global é agora chamado de *vir unus*, que em latim significa "o homem único". Isso se refere à tradição eclesiástica segundo a qual o homem (como dizia um dos Padres da Igreja, Orígenes) consistia originalmente em muitos diferentes *mores* – ou poder-se-ia dizer, de impulsos característicos singulares; hoje em dia, diríamos diferentes traços hereditários – e, como Orígenes também afirmava, até que o pecador e o homem inconsciente tenham sido submetidos a uma conversão cristã e a um treinamento ético em cristianismo, eles consistem em diferentes *mores*.

Ele disse que vocês têm dentro de si manadas de gado e bandos de pássaros e todas as diferentes nações, e todos puxando em diferentes direções, e que apenas por meio da graça do Espírito Santo, e tornando-se cristãos, vocês podem se converter num *vir unus*, o homem único. É o que hoje chamaríamos de personalidade unificada.

Vejam vocês que aquilo que chamamos hoje de processo de individuação, que tem por objetivo a unidade, o tornar-se uma pessoa una, já era almejado de forma projetada. Trata-se da mesma coisa para Dorn, pois embora ele não veja toda essa multidão interna de gados e nações, também percebe que o homem consiste em diferentes impulsos e tendências, que devem, em primeiro lugar ser separados e purificados, e depois reunidos novamente pelo poço do amor. Ele então recapitula o quinto grau: "Cada objeto tem sua virtude". Você percebe agora o que significa virtude. *Virtus* não é apenas virtude ética, mas também significa efetividade. Cada objeto tem certo tipo de efeito.

> Cada objeto tem a sua virtude e a sua influência celeste que não se pode ver com os olhos exteriores, mas da qual só se pode perceber os efeitos, como, por exemplo, a atração do ferro por um ímã. Mas a virtude, a *virtus* magnética, permanece oculta e não se pode vê-la no ímã, pois ela é um espírito.

Este é um ponto de vista tipicamente primitivo. É realmente uma continuação do que se encontra na filosofia antiga. Naturalmente, os povos de outrora – e os povos primitivos ainda hoje em dia – ficavam tremendamente fascinados pelo efeito do magnetismo. Assim como a eletricidade, o magnetismo era um grande mistério para eles. Pode-se entender isso muito bem se se olhar ingenuamente para as coisas como sendo um efeito espiritual. Um ímã que atrai um pedaço de ferro tem sobre ele uma espécie de efeito espiritual, o que para uma mente primitiva é uma demonstração de que um espírito pode influenciar a matéria, e o primitivo pensa que o fato de o ímã atrair um pedaço de ferro é apenas um exemplo muito explícito do que acontece o tempo todo por toda a parte; em outras palavras, que todos os objetos possuem tais poderes eletromagnéticos e, portanto, exercem uma influência sobre objetos vizinhos. Era isso o que Dorn chamava de espírito na matéria.

De maneira semelhante, o vinho também possui tais forças invisíveis, pois seu espírito aquece e seca a pessoa, enquanto seu corpo faz com que esta sinta-se fria e úmida.

Há nisso muita verdade, pois ao beber vinho a pessoa sente-se mental ou psicologicamente aquecida, espiritual e mentalmente estimulada; atinge uma espécie de exaltação e, se toma o tipo adequado de vinho, a pessoa se sente sublimada. Ao mesmo tempo, o corpo fica pesado e úmido (mas essa parcela do efeito é, em geral, experimentada apenas no dia seguinte). Para Dorn, o efeito psicológico do álcool era outra evidência de que as coisas materiais possuem o que chamaríamos de virtude.

Em outros objetos essas virtudes também estão presentes; até mesmo o pão tem sua própria virtude, e acaso não sabemos que as partes mais puras do pão e do vinho podem ser transformadas em carne e em sangue? [Aí ele dá um tremendo salto para a Transubstanciação da Missa!] Não sabemos que, de uma forma vegetal invisível pode surgir uma forma animal visível? – mas não é, naturalmente, a espécie [ou seja, os aspectos exteriores do pão e do vinho] que, nesse momento, é transformada, mas simplesmente a *forma*, no sentido das doutrinas católica e aristotélica. Portanto, não há como duvidar de que a nossa arte [a alquimia] possa produzir no homem transmutações filosóficas muito melhores do que aquelas que a natureza pode realizar através do pão e do vinho, e de que existem na natureza outras coisas que possuem uma virtude natural e uma influência celestial ainda maiores do que aquelas que você pode observar no pão e no vinho.

Aqui, não muito claramente (mas de maneira óbvia, se lermos com cuidado), ele se refere ao mistério da Transubstanciação na Missa, e toma isso como uma prova da possibilidade de uma transformação sobrenatural de objetos materiais brutos. Por intermédio das palavras do padre, o pão e o vinho transformam-se no corpo e no sangue de Cristo, e, se isso é possível, por que não poderiam tais possibilidades existir em todos os outros lugares da natureza?

Esta era uma reflexão frequente entre os alquimistas medievais. Eles, muito corretamente, compreenderam que o mistério da Transubstanciação da Missa é um pouco de alquimia, pois nela o dogma oficial reconhece que matéria bruta, matéria profana, tais como o pão e o vinho, transforma-se repentinamente na portadora da realidade divina do Filho de Deus. Depois do mistério da Transubstanciação, Ele é encarnado no pão e no vinho. Portanto, era natural que muitos alquimistas se agarrassem a esse fato, e dissessem: "Bem, se isso é possível, por que deveria confinar-se apenas àquele pedacinho de hóstia e àquele golinho de vinho, em geral não muito bom, que estava armazenado na Igreja? Por que não seria isso algo possível em toda a parte? Se é possível em princípio, também deve ser possível por toda a parte". Essa extensão do pensamento, bastante chocante, foi feita por muitos, e vocês provavelmente se recordam de que Jung, em *Psicologia e Alquimia*, cita um texto alquímico escrito por um padre húngaro que, passo a passo, compara a *opus* alquímica com o mistério da Transubstanciação da Missa. Aqui, Dorn alude ao mesmo fato.

> Aquele que não quer acreditar nisso deve, antes de tudo, simplesmente tentar a arte alquímica; se não souber isso, então nunca aprenderá nada.

Segue-se o diálogo entre a *Potentia* e o homem único. Agora vocês não devem mais pensar na *mens*, a *mens* não existe mais; a coisa toda agora é chamada de *vir unus*, o homem único.

O *vir unus* diz: "Abra, por favor, *Potentia*." (Dorn chega agora ao sexto grau.)

> *Potentia:* Quem deseja entrar?

> *Vir unus:* Fui enviado pela virtude.

> *Potentia:* Para quê?

> *Vir unus:* Para reforçar as virtudes que recebi do servo da verdade, a *Frequentia*.

> *Potentia:* Como você imagina que isso poderia ocorrer?

> *Vir unus:* Através de *Potentia*.

Potentia: Quem é *Potentia?*

Vir unus: A *potentia* da verdade.

Potentia: Onde você pensa que mora a verdade?

Vir unus: Acredito que a verdade mora na verdade de Deus.

Potentia: Você é digno de minha confirmação. [*Potentia* significa uma espécie de solidificação e de confirmação – nós a chamaríamos de um aumento na força da personalidade.] Portanto, agora ouça: *Potentia,* ou poder, é a constância da virtude que se recebeu de Deus. Ninguém seria capaz de pensar que poderia possuir a menor centelha de virtude a menos que ela lhe tivesse sido concedida por Deus. Apenas aqueles que constroem na rocha da verdade possuem um reino estável. Portanto, preocupe-se agora com uma delas, a saber, com a virtude, que é a própria verdade, de modo a se tornar tão forte na batalha como um leão, e a poder sobrepujar todas as forças do mundo, e portanto, a não temer nem mesmo a morte ou a tirania diabólica.

Quero passar diretamente a algumas partes mais importantes, e por isso saltarei a recapitulação do sexto grau e irei para o sétimo, o grau da filosofia, ou grau miraculoso.

O milagre é o efeito da constância da verdade e para explicar isso usarei um exemplo. Certa vez, um filósofo foi condenado por um tirano por falar muito a verdade, e por isso o tirano o condenou a ser colocado vivo na cavidade de uma rocha onde seria lentamente esmagado com instrumentos de ferro. Mas o filósofo exclama: "Está bem, bata-me, tirano, destrua meu corpo mas você não pode destruir meu espírito!". O tirano ficou tão furioso que ordenou que a língua do filósofo fosse cortada. Mas o filósofo mordeu e cortou a própria língua, e a atirou no rosto do tirano. Vejam que maravilhosa firmeza a desse homem, que mesmo submetido a tal martírio aceitou a morte com prazer e superou a tirania do mundo.

Aqui, no sétimo grau, Dorn, na medida em que se preocupa com os problemas do mal no mundo, regride, ou não tem solução melhor a propor do que aquela que o cristianismo tem oferecido durante os últimos mil e oitocentos anos, ou seja, o martírio.

O homem, apesar de seus esforços positivos, não mudará e não pode mudar os problemas do mal no mundo, mas é um mérito sucumbir a ele na batalha pelo bem, e esta é a verdadeira imitação de Cristo, pois Ele Mesmo morreu como um mártir do mal.

Podemos então dizer que, apesar de todas as suas tentativas de conceber uma posição mais central entre o bem e o mal, e de integrar corpo e matéria, e com isso desespiritualizar, até certo ponto, a atitude espiritual unilateral do cristianismo, Dorn não chega a lugar nenhum no domínio ético fundamental, mas permanece dentro dos conceitos tradicionais. Em outras palavras, ele não tem soluções diferentes para lidar com o problema do mal. Então, sem maiores explicações, ele recapitula o sétimo grau e faz uma conclusão a todo o trabalho.

> Os sete graus da filosofia são também as sete operações químicas por meio das quais o *artifex* pode chegar ao mistério da maravilhosa medicina. A obra filosofal deve ser comparada à *putrefactio* química, pois predispõe o indivíduo a receber a verdade, o que é o mesmo que a preparação das coisas naturais para a solução.

Ele volta agora àquilo de que já falamos diversas vezes, a saber, como inexiste uma linguagem única por meio da qual se pudesse unificar fatos físicos e químicos e fatos psicológicos, ele simplesmente começa a fazer analogias: como isto, como aquilo, como isto, como aquilo – e isso é o mais perto que ele consegue chegar da união.

> Portanto, enquanto o alquimista estuda a filosofia [lê livros de alquimia, por exemplo], sucedem com ele as mesmas coisas que acontecem com os metais na retorta, que são primeiro evaporados, dissolvidos e preparados para a completa liquefação.

Aqui ele usa uma palavra com duplo significado. Solução refere-se ao líquido, à liquefação de metais ou de outras substâncias na retorta, mas também é a solução de um problema filosófico ou humano. É muito interessante observar quantos termos, usados ainda hoje na psicologia, têm origem nessa antiga linguagem alquímica. Freud falava de sublimação; nós falamos da *solução* de um problema, e assim por diante – nós simplesmente não fazemos ideia do *background* dessas palavras, que têm um passado histórico e originalmente possuíam uma conotação em parte química e em parte psicológica.

> A solução pode ser comparada com uma introspecção filosófica: assim como, por meio da solução, dissolvem-se os corpos [ele quer dizer: na retorta], também as dúvidas do filósofo são dissolvidas por meio de sua introspecção. Vem a seguir o amor filosófico, que cria a frequência de estudo, a qual corresponde à congelação dos alquimistas, ou à primeira união na retorta [isto significa a primeira solidificação das coisas na retorta]. E assim como, por meio de frequentes exercícios, a mente do filósofo se aguça, da mesma forma por meio de repetidas lavagens alquímicas as diferentes partes do corpo químico tornam-se sutis; assim como, por meio da virtude, o filósofo se torna uma personalidade una, da mesma forma ao se fazer a composição os diferentes corpos químicos são postos em contato em suas menores partes; e também, assim como a *potentia*

solidifica a personalidade em suas virtudes filosóficas, da mesma forma a *fixatio* das partes voláteis no corpo químico solidifica a pedra filosofal, de maneira tal que os diferentes vapores não mais podem evaporar. Assim como, por meio desses exercícios filosóficos, se adquire um poder que pode até mesmo efetuar milagres, da mesma forma as medicinas alquímicas mostram seu poder pela projeção em sua perfeição.

Como expliquei anteriormente, projeção significa que, depois de fazer o elixir, ou o *lapis philosophorum*, este é atirado sobre outros objetos que, graças a isso, tornam-se "perfeitos", ou transformam-se em ouro.

Agora, leitor, contei-lhe todo o objetivo de nossa obra, mas você só terá algum êxito se proceder simultaneamente de acordo com a verdadeira filosofia metafísica e com a filosofia química natural. E não se queixe de que é difícil, pois outros autores de obras de alquimia obscureceram muito esse problema, ao passo que eu o expliquei muito claramente. Adeus, e qualquer que seja o bom trabalho que faça – por menor que seja ele – guarda dentro de você o conselho que eu lhe dei.

Deveria ser este o final, mas não é. Daí em diante, ele fornece uma série de receitas, que chama de tinturas filosóficas.

Tintura significa um corante, qualquer substância que dá cor a alguma coisa.

Eu poderia agora encerrar o meu trabalho, mas o meu amor filosófico me impele a incluir também as receitas das tinturas do meu mestre Paracelso. [Não posso agora ler para vocês todas as receitas, mas gostaria de selecionar algumas; elas são frequentemente repetidas, mas consistem sempre numa variação diferente da mesma coisa.] Gostaria de explicar o segredo do que vou dizer, ou seja, dessas diferentes receitas.

O homem foi criado a partir do céu e da terra, e do céu ele obtve o seu intelecto; e da terra, o corpo. [*Intellectus* não significa intelecto com a nossa moderna conotação. Para traduzi-lo de maneira adequada, deveríamos dizer consciência, e por isso, em vez de enganá-los, eu talvez passe a usar essa palavra.] Do céu o homem obteve a consciência, e da terra o corpo. O que ele obteve do céu vem do firmamento, havendo nele até mesmo algo vindo de Deus, que pode superar as forças das estrelas. [Isso quer dizer o horóscopo.]

Se o homem pode transformar coisas fora dele mesmo, então é capaz de fazer isso de forma ainda melhor dentro de seu próprio microcosmo, e pode reconhecer ainda melhor as coisas dentro dele mesmo. Portanto, é no próprio homem que se encontra o maior dos tesouros, e nada há fora dele. Dever-se-ia assim começar a partir de dentro ou da região intermediária (*medium*) que é externa e internamente visível, e é preciso reconhecer quem e o que a pessoa é dentro de si mesma, e então, no seio da luz da natureza, reconhecer-se-á a si mesmo por intermédio do exterior.

Esta é uma das partes mais notáveis e importantes de todo o texto, pois exprime a ideia de que o homem pode reconhecer diretamente as coisas externas olhando para as coisas internas. Desde a época de Dorn, a civilização ocidental tem procurado reconhecer diretamente apenas os fatos exteriores da natureza, dedicando só um mínimo de atenção ao fator subjetivo. Apenas durante os últimos trinta anos, aproximadamente, em certos círculos científicos tem-se redescoberto que a condição mental do observador é um elemento decisivo em tudo o que observamos, e, portanto, que não podemos fornecer uma descrição objetiva dos fatos externos sem que, de maneira artificial e nos iludindo a nós mesmos, eliminemos o fator subjetivo. O físico Eddington, em sua *Philosophy of Physical Science (Filosofia da Ciência Física)*, afirma que estamos agora, finalmente, em condições de compreender que qualquer teoria científica nada mais é que um subjetivismo seletivo, uma teoria subjetiva do homem. Por "seletivo" ele quer dizer que se poderia ter certos meios de distinguir entre uma teoria maluca, especulativa e não científica, e outra, oficialmente reconhecida pela comunidade de físicos internacionais.

Vejam, uma vez que se aceite o fato de que qualquer tipo de teoria científica não passa de uma construção hipotética da mente humana, que se ajustará apenas parcialmente aos fatos externos e que, portanto, será sempre historicamente condicionada, podemos ter quase certeza de que em cinquenta ou sessenta anos o ponto de vista da ciência futura será completamente diferente daquilo que hoje acreditamos ser a verdade última. Se isso fosse reconhecido, poder-se-ia desistir completamente da ciência, ou então dizer que cada um de nós estaria justificado em elaborar sua própria teoria, de acordo com sua visão de mundo individual, mesmo que fosse sobre física, matemática ou o que quer que se queira. Nesses campos, bem como em qualquer outro campo humano, ou em psicologia, pode-se simplesmente adotar uma teoria que seja adequada à nossa própria equação psicológica.

Isso, naturalmente, resultaria num completo caos subjetivista (em direção ao qual, de qualquer forma, a ciência moderna está lentamente se dirigindo). Nessas condições, os cientistas mais responsáveis estão tentando descobrir qual a diferença entre um tipo de teoria subjetiva fantástica, que não passe de processo cerebral, e a teoria subjetiva de um físico, que poderia ser útil, e que poderia ser aplicada, repetida e ensinada por outros cientistas. Niels Bohr, por exemplo, e Wolfgang Pauli formularam essa diferença ao dizer que uma teoria física que pode ser comunicada e compreendida por outros poderia ser reconhecida como relativamente objetiva, ao passo que uma teoria que não pode ser comunicada nem ensinada a outros deveria ser descartada.

Dorn, sendo uma personalidade de forte orientação introvertida, antecipa algo nessa linha, e diz que se uma pessoa não é mentalmente cega, ela deve, em primeiro lugar, reconhecer dentro de si mesma quem e o que ela é, ou seja, deve tornar-se consciente dos fatores subjetivos e da própria motivação subjetiva que há em sua atividade científica; então, na luz da natureza, ela reconhecerá a si mesma pela via do exterior. Isso significa, se eu o entendo bem, que a pessoa pode reconhecer a si mesma olhando para dentro, ou pode também reconhecer a si mesma concentrando-se na luz da natureza que há dentro de si mesma, e então observando o que lhe acontece exteriormente.

Ora, é exatamente isso o que fazemos. A ideia de Jung sobre o autoconhecimento, como sabem, não significa ruminar de maneira subjetiva acerca de nosso ego: "Eu sou assim e assim". Isso pode até ser útil, mas não é o que entendemos por autoconhecimento, que significaria incorporar as informações que obtemos a partir dos sonhos. Em outras palavras, se alguém quer conhecer a si mesmo, em nosso sentido da palavra, tem de aceitar a imagem que o sonho fornece a respeito dele. Se você sonha que se comporta como um tolo, embora subjetivamente se sinta muito razoável, deve tomar isso na mais séria consideração, pois, de acordo com o inconsciente, ou de acordo com a luz que o arquétipo do *Self* derrama sobre o seu comportamento consciente, você está se comportando como um tolo. Este é um elemento de informação objetiva obtida a partir de um sonho, quer você goste ou não, e vocês sabem quão frequentemente não se gosta do que se sonha. Esse é o tipo de informação que provém da psique objetiva dentro de nós, e que pensamos ser útil e aconselhável aceitar. É isso, obviamente, o que Dorn entende por luz da natureza.

Não posso entrar na história do conceito de *lumen naturae*, a luz da natureza, mas há todo um capítulo a respeito dela no trabalho de Jung "Sobre a Estrutura e a Dinâmica da Psique", no qual vocês poderão ler a respeito do que ela significa, e verificar que, do ponto de vista histórico, a luz da natureza significaria o que atualmente chamaríamos de uma espécie de consciência dentro do inconsciente, ou, para expressá-lo em outras palavras, a inteligência de um sonho. Se vocês já analisaram muitos sonhos, não poderão fechar os olhos ao fato de que há neles uma inteligência absolutamente brilhante. Estou certa de que vocês vivenciaram isso muitas vezes ao dizer: "Eu poderia ter pensado sobre essas coisas durante vinte anos sem tê-las compreendido, e agora, num sonho, resumidamente, a coisa toda está clara". Quando se compreende um sonho, geralmente se tem esse tipo de exuberante reação "aha". Essa é uma luz que vem da "inteligência" de um sonho, a qual, naturalmente, tem de ser a princípio extraída por intermédio de certos métodos de interpretação. Na luz dos sonhos é possível, portanto, reconhecer a si mesmo de maneira diferente da opinião que o ego tem sobre si mesmo, pois ela fornece informações adicionais, que não têm origem no próprio ego.

Um sonho é como um evento psíquico objetivo, pois alguma luz da natureza combina-se com a consciência do ego da pessoa e torna-se uma com ela, de maneira que ambas mudam, e se a pessoa está envolvida nesse processo, ela pode também reconhecer a si mesma por meio do que lhe é externo. Isso significaria que, se você olhar para a sua vida de uma maneira simbólica e para os eventos sincronísticos que ocorrem exteriormente, então verá – se você tiver uma espécie de ponto de vista unitário e for capaz de transpor sua consciência para a luz da natureza – que pode até mesmo considerar muitos eventos exteriores como pertencentes à mesma classe de eventos que as revelações dos sonhos. No fim de uma vida, um ser humano poderia, portanto, fazer um levantamento completo de seu próprio autoconhecimento e do que ele é, incluindo aí visões e sonhos e biografia efetiva e coisas que lhe sucederam. Então, uma surpreendente conexão sincronística poderá ser observada entre as duas abordagens, pois os acontecimentos biográficos efetivos de uma vida possuem uma estranha unidade simbólica com os acontecimentos interiores. Portanto, se vocês escutarem a biografia de, digamos, um analisando mais idoso, cerrarem parcialmente suas pálpebras, e escutarem a narrativa como se se tratasse de um conto simbólico, vocês terão a informação global da vida interior. Esta é uma verdade banal, e explica por que se escrevem tantos livros sobre a conexão entre caráter e destino, pois o destino de um ser humano está, com muita frequência e de modo bastante estranho, ligado à constituição psicológica, e responde pelo provérbio segundo o qual cada homem é o seu próprio destino, ou carrega na alma o seu próprio destino.

Esta é uma verdade muito comum, e que sempre foi percebida de forma intuitiva. Se uma pessoa olha a partir de dentro para as coisas que ocorrem de maneira absolutamente acausal a um ser humano, ou se alguém olha para essas coisas com a *lumen naturae*, isto é, com uma atitude consciente desejosa de olhar para os padrões naturais que ocorrem no interior e no exterior, então essa pessoa pode até mesmo chegar a se reconhecer por meio do que acontece fora dela. Pode-se considerar isso como uma parte da realidade psicológica objetiva de si mesmo.

Era isso o que Dorn estava empenhado em atingir, às apalpadelas, e é muito significativo o fato de ele ter sido um médico e, portanto, enxergar, naturalmente, de maneira bastante profunda muitos destinos humanos, mais do que a maioria das pessoas de outras profissões o fazem. Quando um médico ou clínico geral recebe o telefonema de um paciente dizendo que quebrou a perna esquiando – se o médico conhece todo o ambiente dessa família –, não pode deixar de pensar: "Aha, eu sabia que isso logo acabaria acontecendo!". Essas coisas acontecem, e, naturalmente, Dorn viu muito disso, e assim teve a sua ideia de que o que acontece exteriormente para o ser humano está, de um modo estranho, ligado aos eventos objetivos em seu inconsciente, a respeito dos quais ele tem conhecimento graças à luz da natureza.

Dorn prossegue com um pequeno capítulo sobre o sal no sangue humano e o enxofre na natureza humana, examinando como ambos podem causar tanto a saúde como a doença. Ele tenta apresentar uma espécie de teoria psicossomática que, claramente, procura ligar com o que dissera antes, mostrando que o sal e o enxofre no sangue humano são influenciados pela atitude psicológica, e são também fatores psicológicos dos quais depende todo o equilíbrio da saúde. Como sabem, o sal conserva a carne, evitando que ela se deteriore – uma dona de casa que não tem geladeira sabe disso! Portanto, projeta-se a ideia de que o sal no sangue humano é o segredo que protege o corpo da corrupção. Segue-se uma longa polêmica sobre como é importante controlar sempre a quantidade de sal que há no sangue, e assegurar que ele esteja ali presente na quantidade adequada, pois possui uma qualidade de preservação.

A seguir, ele nos oferece outra teoria, dessa vez sobre o enxofre no corpo humano, que ele entende a partir dos seus efeitos de combustão – em outras palavras, o que atualmente chamaríamos de oxidação. Os processos de oxidação no corpo humano eram explicados naquela época como devidos ao fato de que o corpo humano continha um enxofre combustível, que cozia o conteúdo do estômago e dos intestinos. Todos os processos de cozimento no corpo humano, vagamente expressos, eram explicados pelo efeito do enxofre. O enxofre era também identificado com o estado de desejo e com a impulsividade da natureza humana no sentido negativo: se houver enxofre demais no seu corpo, então os processos de queima que nele ocorrem tornam-se excessivamente intensos e você precisa enfraquecê-los de modo a fazê-los retornar ao equilíbrio correto. Mas o enxofre só é negativo se o seu consumo for unilateral e exagerado; caso contrário, é o elemento impetuoso que mantém todo o processo interior em andamento.

Isso nos dá um esclarecimento sobre a maneira como ele, naquela época, concebia a união dos fatores que chamaríamos hoje de fatores psíquicos e somáticos, a saber, por intermédio dessas substâncias, o sal e o enxofre, que para ele sempre tinham um aspecto psicológico e um aspecto físico. Por exemplo, o sal tem o aspecto de Eros, de um senso de humor, de esperteza, de capacidade de distanciamento espirituoso das situações e de sabedoria; e o enxofre, por sua vez, dá o calor da vida, a vitalidade, a capacidade de participação na vida, de criação de fantasias, de iniciativa e o *elan vital*; negativamente, responde por sentimentos unilaterais; desejos e aflições. Essas substâncias – para ele psicossomáticas – têm de ser administradas de maneira certa e estar corretamente balanceadas no corpo. Ele agora estende-se em longas explicações sobre aquilo que poderia se chamar teoria de química psicossomática, que no entanto não abordarei.

Eu gostaria de prosseguir com uma das receitas, uma receita para produzir a quintessência, que vocês podem encontrar no *Mysterium Coniunctionis*.[*] Também recomendo a leitura do final do *Mysterium Coniunctionis*, da página 460 em diante, pois agora, com mais informações, vocês poderão entender melhor para onde Jung se dirige.

Desse modo, Dorn oferece, no final, algumas receitas para a obtenção da *aqua vitae* (água da vida) ou de Mercúrio (conferir, *Mysterium Coniunctionis*, p. 479 e seguintes) e diz: "A mistura do novo céu, de mel, de quelidônia, de flor de alecrim, de mercurial, de lírio vermelho e de sangue humano, com o céu do vinho branco ou tinto ou de tártaro, pode ser empreendida".

---

[*] C. G. Jung, *Mysterium Coniunctionis*, Bollingen Series XX, 2ª ed., p. 477. Há tradução em português: *Mysterium Coniunctionis*, Petrópolis: Vozes, 1985.

O mel simboliza, como diz Paracelso, "a doçura da terra". Ele está relacionado com o prazer dos sentidos (e também com o medo das complicações mundanas). A mercurial é uma planta (urtiga do cão) que possui, tal como o alho-silvestre de Homero, poderes mágicos. O lírio vermelho representa o princípio masculino; é um símbolo que produz a *Coniunctio*. O lírio branco simboliza a inspiração do Espírito Santo. A quelidônia é uma planta que cura as doenças dos olhos, espanta a melancolia espiritual e protege das explosões dos sentimentos. O vinho branco e o vinho tinto de tártaro é um resíduo, também chamado de "corpo", e deve ser destilado antes de ser adicionado à mistura.

O resultado é um "novo céu", a verdade secreta, ou a pedra filosofal. É idêntico à imagem de Deus na alma humana. Todo o procedimento assemelha-se a uma imaginação ativa executada com substâncias simbolicamente significativas, com a adição do sangue humano representando uma completa devoção à obra. O resultado final é também descrito como uma flor amarela de quatro pétalas, exatamente da mesma forma que no texto chinês de *O Segredo da Flor de Ouro*. A receita, na íntegra, é a seguinte: Tome a verdade interior, acrescente a ela seu *elan vital*, a inspiração do Espírito Santo e a capacidade de unir os opostos. Coloque dentro dessa mistura o amor (sexo) terreno e celeste, e então você tem uma essência com a qual pode unir céu e terra. Todos os ingredientes reúnem-se em torno da flor amarela de quatro pétalas, isto é, o *Self*.

Com esse remédio, Dorn também procurava curar as pessoas que sofriam de doenças físicas, ao passo que poderíamos esperar que a cura viesse, digamos, dos hormônios. Cada época acredita em determinadas substâncias químicas nas quais projeta significado psíquico. O sangue, por exemplo, significava a participação da alma; assinar pactos com o próprio sangue significava colocar toda a sua alma no negócio. A flor dourada de quatro pétalas une em uma totalidade. O placebo é um exemplo bastante conhecido da eficácia da crença de que uma substância tem propriedades e que vai funcionar.

Dorn flutuava sobre abismos de mistérios nos quais Jung penetrou. Não obstante, ele estava empenhado em lidar com os mesmos problemas com os quais lidamos, mas não podia lidar com o problema do mal. Depois de tentar remover a sombra do corpo ele escorrega, e novamente a projeta sobre o corpo. Ele foi apanhado e ficou aprisionado à crença cristã de que Deus é apenas bondade e não pode abranger o problema do mal. No domínio ético, portanto, Dorn fica bloqueado e amarrado, mas em outro domínio teve êxito e efetuou duas unificações.

Resumindo, pode-se ver que Dorn concebe quatro elementos no trabalho interior de unificação e três estágios ou graus. Os quatro elementos são *spiritus, anima, corpus e cosmos*. No início, *spiritus* e *anima* se unem, e transformam-se em *mens*. A seguir, *mens* e *corpus* se unem e se convertem em *vir unus* e, por fim, na morte, o *vir unus* une-se ao Universo, embora não em sua forma visível mas como *unus mundus*, seu *background* potencial, invisível. Antes de Deus ter criado o mundo, Ele estava com Sua companheira,

Sofia ou Sabedoria (conferir João II) ou a Palavra. Ela é também a alma de Cristo, ou Cristo em Sua forma divina preexistente, anterior à encarnação. Essa Sofia, segundo alguns filósofos medievais, é também a imagem mental da criação que preexistia na mente de Deus antes de Ele ter criado o mundo. Isso está associado à ideia platônica de um reino metafísico das ideias. Nele, Deus concebeu a ideia de todas as coisas reais, de tal forma que tudo na terra tem seu modelo arquetípico no *unus mundus*. Johannes Scotus Erigena, por exemplo, diz que todas as coisas reais existiam *in potentia* na sabedoria de Deus, que é a soma de todos os arquétipos na mente de Deus. A ideia de um *unus mundus* é uma variação do nosso conceito de inconsciente coletivo. A princípio, todos os arquétipos estão contaminados, e assim o *unus mundus* é uma multiplicidade unificada, uma separatividade das partes e ao mesmo tempo uma unicidade. Nesse mundo de fantasia, tudo era concebido como que estando em harmonia. No *unus mundus* não havia desarmonia, as coisas eram separadas e ao mesmo tempo unidas. Dorn diz que o estado do *unus mundus* só ocorre depois da morte; em outras palavras, é um evento psicológico por meio do qual o homem se torna um com tudo o que existe.

Concretamente, o *unus mundus* se manifesta, como assinalou Jung, nos fenômenos sincronísticos. Vivemos normalmente num mundo dualista de eventos "externos" e "internos", ao passo que num evento sincronístico essa dualidade não existe; eventos externos comportam-se como se fossem uma parte de nossa psique, de tal modo que tudo está contido na mesma totalidade.

Se o caso do homem insano que declarava ser Cristo no exato momento em que a lâmpada elétrica do teto explodiu e arrebentou-se no solo (convencendo-o de que o evento exterior confirmava sua convicção interior) for examinado de maneira superficial, então a lâmpada se comportou como se fosse parte do que estava ocorrendo no interior do louco. Mas esse evento sincronístico surgiu de um nível mais profundo do inconsciente coletivo. Psicologicamente, ele caiu no *unus mundus*.

Essa experiência é também o derradeiro estágio do processo de individuação, o tornar-se uno com o inconsciente coletivo, mas não de uma maneira patológica, como em certas psicoses em que o processo de individuação deu errado e tudo tomou um rumo igualmente errado. Quando isso ocorre positivamente, em vez de uma separação, produz uma união com o inconsciente coletivo, e significa uma expansão da consciência, com uma diminuição da intensidade do complexo do ego. Quando isso acontece, o ego retira-se em favor do inconsciente coletivo. Atingir esse ponto em que a realidade externa e a realidade interna (a terra e o céu) se tornam uma só é a meta da individuação. Por meio dela, também se atinge um pouco daquilo a que Jung chama de "conhecimento absoluto" no inconsciente.

Em seus últimos anos de vida, Jung frequentemente não deixava que as pessoas lhe contassem seus problemas, mas ao permitir que elas lhe falassem sobre tudo o que lhes vinha à mente, ele muitas vezes lhes dizia, de maneira não intencional, justamente aquilo de que elas precisavam. Antes que se esteja integrado e individuado, os próprios complexos tendem a se impor. Mas se se trabalhou realmente no sentido de resolver os próprios problemas e se os complexos são integrados, então é possível estabelecer a ligação com o inconsciente coletivo e a sabedoria deste pode fluir através da pessoa. No ponto final do desenvolvimento (o estágio final do processo de individuação), os mestres zen estão em tal estado de harmonia com o inconsciente coletivo que se comunicam entre si subliminarmente; eles, por assim dizer, estão juntos no *unus mundus*.

De acordo com uma antiga história chinesa, havia três velhos sábios que viviam como eremitas, cada qual na sua caverna. Um dia, decidiram encontrar-se e dois deles visitaram o terceiro. Andaram por um pequeno bosque de bambus e gozaram um delicioso período de comunicação espiritual e oferendas. No momento em que se encontravam sobre uma pequena ponte, subitamente ouviram um tigre rosnar, e todos os três explodiram em gargalhadas! Então se separaram. Eles tinham entendido a sincronicidade, pois o tigre, na China, é o princípio feminino do Yin, o quarto em sua trindade espiritual masculina, que eles haviam ignorado! Portanto, eles podiam "ler" eventos simultaneamente, enquanto eles estavam ocorrendo, e tirar as conclusões adequadas. Este é um estágio de desenvolvimento que o homem atinge quando se aproxima da morte. Talvez a própria morte nada mais seja que esse terceiro estágio, a união com o *unus mundus*.